高中生物教学中
培养学生核心素养的实践探析

李显东　著

吉林大学出版社

长　春

图书在版编目（CIP）数据

高中生物教学中培养学生核心素养的实践探析 / 李显东著. -- 长春：吉林大学出版社, 2020.8

ISBN 978-7-5692-7030-3

Ⅰ.①高… Ⅱ.①李… Ⅲ.①生物课－教学研究－高中 Ⅳ.①G633.912

中国版本图书馆 CIP 数据核字（2020）第 169755 号

书　　名　高中生物教学中培养学生核心素养的实践探析
　　　　　　GAOZHONG SHENGWU JIAOXUE ZHONG PEIYANG XUESHENG
　　　　　　HEXIN SUYANG DE SHIJIAN TANXI

作　　者　李显东　著
策划编辑　刘　佳
责任编辑　刘　佳
责任校对　李潇潇
装帧设计　郭少飞
出版发行　吉林大学出版社
社　　址　长春市人民大街 4059 号
邮政编码　130021
发行电话　0431-89580028/29/21
网　　址　http://www.jlup.com.cn
电子邮箱　jdcbs@jlu.edu.cn
印　　刷　长春市昌信电脑图文制作有限公司
开　　本　880mm×1230mm　1/32
印　　张　6.5
字　　数　150 千字
版　　次　2020 年 8 月　第 1 版
印　　次　2020 年 8 月　第 1 次
书　　号　ISBN 978-7-5692-7030-3
定　　价　36.00 元

前　言

　　教育的发展推动了教师教学理念的发展，教学理念的发展给教师的教学注入了新鲜的血液，促使教师在教学中不断尝试新的教学方法，为学生的全面发展铺砖引路。核心素养有助于学生整体进步，是教师教学探索的重点方向。在此背景下，高中生物教师在教学中思考学生核心素养的培养，是十分必要的。

　　基于此，本书围绕生物核心素养概述、核心素养下的高中生物教学设计、核心素养下的高中生物教学、核心素养下的高中生物实验教学、核心素养下基于模型的高中生物教学、核心素养下高中生批判性思维的培养等方面，展开高中生物教学中培养学生核心素养的实践探析，旨在为广大生物教师的核心素养教学提供一些可行性建议，为教师教学效率的改善提供有效参考。

　　本书在研究过程中阐明了生物核心素养的内涵，结合核心素养展开了生物教学实践，运用灵活的教学方式，向学生传播了丰富的生物知识，引导学生形成了生命观念、理性思维、科学探究和社会责任感的意识。

由于笔者水平有限，书中还存在许多不足，敬请广大读者批评指正。

李显东

2020年4月

目　录

第一章　生物核心素养概述

第一节　概念界定

一、素养

为了更好地理解"核心素养"这一概念，首先对"素养"进行解释说明。素养，分开来理解，"素"有平时之意，"养"含修养之意。《汉书·李寻传》中记录："马不伏历，不可以趋道；士不素养，不可以重国。"[①]素养的意思是：修习、涵养。在《后汉书·刘表传》中："越有所素养者，使人示之以利，必持众来。"[②]由此可见，素养并非与生俱来的气质或能力，它是通过后天的训练和实践而获得的，是含知识、能力、态度等多方面的可持续发展的品质。根据素养在不同领域的表现，可将其划分为政治素养、文化素养和身心素养等，而教育旨在培养人适应社会发展与自身发展的综合素养。

①　李金刚.浅析核心素养中的孝德意识[J].课程教育研究，2017（05）：82.
②　汪宝树.素养与健康[J].科学养生，2016（05）：34–35.

二、核心素养

核心素养源于西方，不同国际组织、国家和地区对核心素养的内涵、外延、定义和框架遴选都具有各国的特色。我国核心素养课题研究组将核心素养界定为：学生在接受相应学段的教育过程中，逐步形成的适应个人终身发展和社会发展需要的必备品格和关键能力。从概念来看，核心素养具有如下三个特点：一是过程性，关注学生的培养过程，是可持续发展的、不断变化的动态过程；二是综合性，在先天遗传基础上，综合后天各方面因素影响而获得的知识、能力、情感态度的综合；三是同时具有个体价值和社会价值，是个体最关键的、必要的素养，是个体全面发展和适应社会发展的保障，不仅能促进个体发展，也能促进社会良好发展。

"核心"与"素养"相结合构成了当前各国高度关注的教育主题。所谓"核心"的意思是指处于中心地位，"核心素养"即是关键的、重要的素养总称。在国外，将其表述为"Key Competence"。关于核心素养的内涵，国际经合组织（简称OECD）、联合国教科文组织（简称UNESCO）、欧盟（简称EU），以及美国等做出了相关的界定和说明。2003年，经合组织发布了《核心素养促进成功的生活和健全的社会》报告，指出核心素养是个人实现终身发展、融入主流社会和充分就业所必需的知识、技能及态度的集合，并界定了三大通用核心素养，说明了核心素养具有迁移性，能为将来的发展发挥多样化的功能。2004年，联合国教科文组织在《发展教育的核心素养：来自一些国际和国家的经验和教训》里总结了核心素养是"使个人过上他想要的生活和实现社会良好运行所需要的素养"，指明了核心素养的重要作用。欧盟国家说明"素养是适用于特定情境的知识、技能和态度的综合"，进而指出"核心素养是所

有个体达成自我实现和发展、成为主动的公民、融入社会和成功就业所需要的那些素养"。综上所述，国际组织对核心素养的内涵认同为实现人生价值和社会发展的主要载体，承担着自我发展和社会运行的重要功能。

在美国，核心素养被称为"21世纪技能"，是学生及从事工作的人都必须具备的素养，为培养具有21世纪工作技能与核心竞争能力的人，成为社会发展的合格公民而做准备。澳大利亚针对全体公民提出的核心素养又称为综合职业能力或关键能力，主要是指为有效参与发展中的工作形态与工作组织所必要的能力，同时也是终身发展所需要的能力。国情的差异使得不同国家对核心素养内涵的理解不同，我国在当前教育改革已有成果的基础上，于2013年展开了关于核心素养的系统研究。根据教育部文件《教育部关于全面深化课程改革落实立德树人根本任务的意见》可知，以科学性、时代性和民族性为基本原则。2016年，《中国学生发展核心素养》正式颁布，为培养我国学生的核心素养提供了明确的依据。在中国学生发展核心素养体系中，核心素养的内涵是学生应具备的、能够适应终身发展和社会发展所需要的必备品格和关键能力。核心为培养"全面发展的人"可划分为文化基础、自主发展、社会参与三个方面，综合表现为人文底蕴、科学精神、学会学习、健康生活、责任担当、实践创新六大素养。我国从国际趋势、基本国情及教育实践出发，构建了学生发展过程中最为关键且必要的六大素养，涵盖了知识、技能、态度和情感等多个方面，每一素养又被划分为三个具体的指标，为促进学生全面发展，具备更好地适应未来社会的能力，实现美好的生活而奠定基础。

三、学科核心素养

为了推进我国基础教育课程改革，落实立德树人的根本任务，教育部于2018年1月16日发布了最新的《普通高中课程方案和语文等学科课程标准（2017年版）》有关情况。在新版课程标准中，以《中国学生发展核心素养》为总体导向，各学科课程基于学科本质凝练了学科核心素养，阐明了基础教育阶段各门学科课程应培养学生逐步形成的关键能力、必备品格与价值观念。发展学生的核心素养将以学科核心素养为重要支柱，具体落实到每一学科课程的教学活动中。《普通高中课程方案和语文等学科课程标准（2017年版）》包含了普通高中的学科课程，总结了学科核心素养84条，体现了各学科的本质价值和育人功能。

四、生物学学科核心素养

生物学学科核心素养是当今社会公民基本素养的重要组成之一，学生通过基础教育阶段生物学课程的学习，形成生物学的科学观念和思维方式，具备解决实际问题的重要品质和能力，树立正确的世界观、人生观及价值观，实现自我价值，对社会做出应有贡献。具体来说，生物学学科核心素养主要包括生命观念、科学思维、科学探究及社会责任四个方面，其内涵和表现如下：

"生命观念"是高中生物学科核心素养的本质特点，包括结构与功能观、进化与适应观、稳态与平衡观、物质与能量观等。培养学生的生命观念，是指学生能够以生物学的视角发现、认识、理解，以及探讨存在的生命现象和规律特性等。将生命观念这一核心素养划分为四个水平，由水平一至水平四循序渐进，为教师开展教育教学活动提供了更加明晰的依据与目标。

　　"科学思维"这一素养包括归纳与概括、演绎与推理、模型与建模、批判性思维等方法。要求培养学生首先尊重事实和证据，具备严谨务实的求知态度，能够以适当的科学思维方法认识事物，解决实际问题，进而审视或论证生物学社会议题。科学思维是学生在学习过程中逐步发展起来的，教师应在本学科及与其他学科联系中渗透培养，从素养水平一到素养水平四逐步积累提升。

　　"科学探究"这一素养以科学思维为基础，是科学思维的整体表现和综合应用。该素养表现为学生能够联系现实生活中的生物学问题，针对特定的生物学现象，进行认真观察，提出相关的问题，做出合理的假设，进行实验设计、实施方案及交流与讨论的结果。科学探究的四个素养水平表明，该素养的形成是从培养学生科学探究的意识开始，让学生领悟解决生物学问题的思路和方法，逐步提升为探究科学的能力，同时形成团队合作、勇于创新等品质。

　　"社会责任"是生物学科育人价值的体现，是指学生能够以生物学视角出发，具备讨论个人与社会事物的能力，具备独立思考能力，并做出理性解释和判断，进而能够解决生产生活中与生物学相关的问题，确立正确的人生态度和价值观。

　　生物学课程从传授知识、培养能力到树立社会责任意识，在社会责任的每一素养水平都蕴含着生命观念、科学思维和科学探究，同时科学思维和科学探究是生命观念发展的基础和表现，这四个方面的学科核心素养彼此联系、综合体现、协调发展。

第二节　理论基础

一、布鲁纳认知结构学习理论

美国著名教育心理学家布鲁纳提出认知结构理论，主要表述为以下两方面：第一，布鲁纳认为学习不是被动接受知识的活动，学习是个体在原有认知结构的基础上，主动构建新认知结构的过程。因此，学生获得新信息时要在头脑中与原有信息建立联系，进而转化为新的信息形式。第二，布鲁纳主张教学的最终目标是促进学科的基本结构转变为学生头脑中的认知结构，实现这一目标最好的方法是发现学习，即在教学过程中教师为学生提供相关的学习材料，引导学生主动思考和探究，使学生自行发现知识、理解概念的教学方法。培养学生的学科核心素养，不仅要使学生掌握学科的基本知识，同时也要引导学生形成学科的基本技能，树立对情感、态度与价值观的认知，促进学生掌握学科的基本结构并发展认知结构，实现学习迁移，进而提高学生的主动性和创造力。

二、人本主义学习理论

人本主义学习理论的代表人物罗杰斯提出的有意义的自由学习观，其内涵是学习是学生融合了各种经验并全身心投入、自主自觉的过程。通过学习，学生不仅能够积累知识，同时能使其行为、态度和个性发生变化，实现人格教育和价值观的确立。因此，人本主义教学观强调学生是完整的人，以学生为中心的教育教学活动应激发学生学习的积极性与主动性，挖掘学生的潜能，促进学生的个性发展，培养学生成为具有高度适应性和内在自由性的人。在教学过程中，教师要为学生的学习提供良好条件与氛围，承担起"助产士"和"催化剂"的角色，促进学生自由的成长。由人本主义理论得到的教育启示是：教师在开展教学活动时，为学生创造一个良好的教学情境十分重要，鼓励学生自主探索问题并自由发表见解，对学生做出的计划和抉择提供帮助，促进对学生知识的整合。

三、建构主义学习理论

建构主义学习理论是指导教育教学活动的重要理论，其所蕴含的主要思想体现在教学观与教学模式上。建构主义强调学习的主动构建性，学习者根据已有的经验背景，对外部信息进行选择、加工和处理，主动地构建知识的意义。因此，建构主义十分重视学习者本身已有的知识经验，将其作为新知识的生长点，教师要引导学生从原有的知识经验中"生长"出新的知识，为学生提供"梯子"，尊重学生的主体地位，帮助学生逐渐深入理解知识，形成分析问题的思路。教师应是整个教学过程的组织者、指导者和协调者，是学生主动建构的引导者、合作者和帮助者，学生是教学活动积极的参与者和建构者。

四、STSE教育理论

STSE各字母的含义分别是科学（Science）、技术（Technology）、社会（Society）与环境（Environment），STSE教育理论是由STS教育和环境教育共同构成的，将科技发展、社会生活、生活环境与教育相融合，是指导和实施科学教育的新理念。依据STSE教育理论开展科学课程，以培养学生理解科学技术的进步，关心社会的发展，在实际问题情境中应用学科知识解决，鼓励学生对影响社会与环境的重要议题做出评价和决策，形成正确的价值观和行为准则，具备良好的科学素养。生物学科是一门与实际生活联系密切的自然学科，在生物学科的教学活动中渗透STSE教育理念，让学生在学习生物学知识的同时了解社会发展与环境问题，培养学生解决实际问题的能力与科学素养，增强学生的社会责任感。

五、课程改革理论

我国基础教育改革的核心内容是课程改革，依据新课程改革理论指导普通高中课程改革实践，全面推进素质教育，培养学生健全的个性和完整的人格，成为顺应时代发展和终身发展的现代公民。新课程改革理论涵盖了课程功能、课程结构、学习方式及评价制度等方面。从课程功能上来说，强调关注学生"全人"的发展，培养学生实践能力、终身学习的能力、创新精神及社会责任感，具体落实到培养学科核心素养的课程目标上。新课程在课程结构上倡导学生在掌握学科知识的基础上，关注社会发展和科技进步，能够积极开展探究活动并参与社会生活，实现各项素养均衡发展。同时，新课程以课程结构促进学生学习方式的转变，培养学生主动学习，解决问题的能力，以及增强学生的社会责任意识。以"立足课程、促进发展"为评价理念，发挥评价促进学生发展、教师提高和改进教学实践的功能，评价目标多元，评价方法多样，重视学生全面发展。

六、终身教育理论

终身教育理论最早由法国教育家保罗朗格朗提出，他认为，"终身教育的核心是人的一生要持续不断地接受教育和训练，这种自我完善和提升要贯穿于从出生到死亡的全过程"[①]。终身性、全民性、广泛性、灵活性和实用性是终身教育最基本的特点，终身教育的最终目的是为了让人不断地完善自我，提升自身的物质和精神追求。因此，在高中生物学习中培养学生的生物学学科核心素养，就要引导学生树立终身学习的观念，让学生具有终身学习的意识；同时，"家校携手"为学生营造良好的学习环境，促进学生养成良好的终身学习习惯。此外，教师应当为学生树立终身学习的榜样，关爱学生、呵护学生，让学生真正学会学习、乐于学习，成为快乐的终身学习者。

七、认知学习理论

认知学习理论认为，学习不是在外部环境的支配下被动地形成刺激-反应，而是主动地在头脑内部构造认知结构；学习不是通过练习与强化形成的反应习惯，而是通过顿悟与理解获得期待。尤其是学习主体当前的学习依赖于他原有的认知结构和当前的刺激情境，学习受主体的预期所引导，而不受习惯支配。著名的认知教育心理学家布鲁纳主张学习的目的在于以发现学习的方式，使学科的基本机构转变为学生头脑中的认知结构。他认为，"认知结构就是人关于现实世界、内在的编码系统，是一系列相互关联的、非具体性的类目""学习的实质是主动地形成认知结构，认知结构可以给经验中的规律性以意义和组织"[②]。这就要求教师在教学中应着重培养学生问题解决的能力，以保障学生不断地思考，对各种信息和概念进行加工转换，对新、旧知识进行综合和概括，形成新的假设

[①] 梁虹，沙洪成.实施终身教育培养学习型人才[J].中国成人教育，2003（003）：20–21.
[②] 谭波.布鲁纳的认知——发现学习理论对数学学习的启示[J].东西南北：教育，2019（13）：0386.

和结论，不断发现和完善自己的认知结构。布鲁纳认为，"学习一门学科的最终目的是使学生建构良好的认知结构"[①]。因此，教师首先应了解学生所要建构的认知结构的组成要素，并在此基础上采取有效的措施帮助并引导学生建立各组成要素的图解，使得学科的知识真正转化为学生的认知结构。由于布鲁纳强调学习的主动性和认知结构的重要性，所以他主张教学的最终目标是促进学生对学科知识结构的一般理解。这里所指的学科基本结构，包括学科基本概念、基本原理、基本态度与方法。学生只有学会用联系的观点看待知识，才能真正地理解它、把握它。

八、情境认知理论

乔纳森认为，"理解学习需要考虑学习产生的文化背景，即学习的产生需要情境，只有置于特定情境中学习才有意义"[②]。可见，只有在真实的学习情境中学习获得的知识才有生命力，不会变成抽象的、缺乏迁移能力的、毫无活性的惰性知识。

情境认知理论认为，学习是由情境、文化和活动共同作用而产生的。该理论认为学习特征表现在以下六个方面。

第一，学习产生于情境。情境性是认知学习论的核心，学生的学习活动只有发生在情境中，才是有效的。有效的情境可以帮助学生更好地建构知识体系。

第二，情境具有真实性。真实的情境包含两个方面：一方面指情境源于生活，另一方面指专业人员或专家从事活动的真实过程。

第三，在实践中学习。学习者在情境中不能只学习经验，应该

---

① 朱纷.从矛盾冲突到正向迁移：学生学科认知结构的建构[J].中国教育学刊，2015（9）：73-76.
② 杨绍文.建构主义理论下的情境教学探究[J].长江大学，2003（4）：118-120.

在情境中实践，在实践中发现问题、探究问题、解决问题。

第四，情境引发探究热情。学习者能在情境中更清楚地理解问题，有探究问题的热情，能选择更好的解决问题的方法，而不盲从。

第五，学习者主动学习。情境激发学习者主动学习，为学习提供丰富的资源，学习者能体会到学习与生活之间的关联，在问题解决中获得成就感。

第六，学习过程深度化。情境具有复杂性，复杂的任务需要学习者之间共同探究、共同合作完成任务，这是一种深度学习。

第三节　生物学学科核心素养与高中生物学教学

一、生物学学科核心素养的内容

生物学学科核心素养是学生在生物学课程学习过程中逐渐发展起来的，在解决真实情景中的实际问题时所表现出来的必备品格和关键能力。生物学学科核心素养包括生命观念、科学思维、科学探究和社会责任四个方面。

（一）生命观念

生命观念是指对观察到的生命现象及相互关系或特性进行解释后的抽象，是人们经过实证后的观点，是能够理解或解释生物学相关事件和现象的意识、观念和思想方法。人民教育出版社课程教材研究所吴成军在《以生命系统的视角提炼生命观念》一文中指出，

"以生命系统的特点提炼出的生命观念主要包括生命的物质观，结构与功能观，物质、能量和信息观，稳态与调节观，适应与进化观，生态观"[①]。这将新课标中的结构与功能观、进化与适应观、稳态平衡观、物质能量观进行了进一步细化和阐述。在高中生物学课程中，大量生物学知识都体现了生命观念，所以学生在理解生物学概念的基础上形成了生命观念。

首先，从生命的物质组成来看，构成生命的主要元素有C、H、O、N、S、P等，它们构成了生命系统中绝大多数的重要有机物；生命系统中含量最多的有机物是蛋白质，同时蛋白质是生命活动的主要承担者；多糖、核酸、蛋白质都是以碳元素为基本骨架；ATP是生命活动的"能量通货"，酶是生命活动的催化剂。生命系统的结构都是物质构成的，上级结构都是由下级结构有序构成的。

物质组成结构，结构体现功能。生命系统的结构与功能观主要包括：结构决定功能；结构与功能是统一和相适应的，是进化的必然结果；整体结构的功能大于局部结构的功能。从分子水平上看，蛋白质的功能表达由它的空间结构所决定，一旦高温、强酸、强碱破坏了蛋白质的空间结构，其功能就无法表达；DNA的复制、转录由它的双螺旋结构决定，其结构受到某些物理、化学或生物因素的影响，从而影响其功能的表达。在细胞水平上，细胞壁、细胞膜、细胞核、细胞质中的细胞器等结构特点决定了它们各自不同的功能。植物细胞壁主要由纤维素和果胶构成，这样的结构决定了细胞壁支持、保护细胞的形态和结构的功能；细胞膜由两层磷脂双分子层构成骨架，其上镶嵌有蛋白质，表面具有糖蛋白结构，细胞膜的流动镶嵌模型使其能够很好地行使"与外界环境分隔开、控制物

[①] 吴成军.以生命系统的视角提炼生命观念[J].中学生物教学，2017（19）：4-7.

质进出细胞、进行细胞间的信息交流"等功能；细胞核上的核孔等结构也能够有效控制RNA等大分子物质进出细胞核；线粒体、叶绿体、高尔基体、内质网、核糖体等细胞器的结构更是明显地体现出各自的功能特性，并在细胞中分工合作，维持生命活动高效有序地进行。除此之外，其他层次的生命系统也体现出结构与功能相适应的观念。

在生命系统中，物质是本源，能量是运动的存在，信息是联系纽带，任何一个生命系统都是物质、能量和信息的统一体，物质与能量相互依存、相互制约。太阳能为一切生命系统提供最终的能量。在光合作用过程中，无机物不断转化为有机物；储存在有机物中的化学能由光能转化而来；同时，光作为一种信息分子，在光合作用过程中进行跃迁和转移。除光合作用外，细胞呼吸过程同样存在物质交换、能量转移和信息传递，这些生命活动都受到遗传信息的调控和生理信息的指导。物质、能量和信息是个体生存的基础，同时也是生态系统维持平衡的基石。在一个生态系统中，能量依托于物质沿着食物链和食物网流动，物质在无机环境和生物群落之间循环。种内、种间的交流，物种与无机环境之间的交流都离不开信息的传递，自然界中普遍存在的花开花落、鸟类迁徙、鱼类溯回等都是信息调节的产物。总之，生命的存在过程就是物质代谢、能量转化和信息调控的对立统一的过程，在这个过程中，生命系统不断与环境进行物质、能量与信息的交换，以维持其自身的生存与发展。生命系统是相对稳态的，而稳态是通过调节来实现的，因此稳态与调节观是生命观念的一个重要组成部分。生命科学随着现代技术的进步不断向前发展。现代生命科学已经从分子、细胞、器官、个体、生态系统等各个层次上阐明了生命活动中普遍存在的稳定动态。例如，唾液淀粉酶的活性范围是pH值为6.2～7.4，胃蛋白酶的最适pH值为1.5，人体血细胞生活的pH范围是7.35～7.45，人体的体温维持在37℃左右。生态系统具有抵抗力稳定性和恢复力稳定性，可以有效地保持生态系统在一定范围内的波动。基因表达的稳态调节、酶活性的稳态调节均属于分子水平上的稳态调节。在细胞水平上，一个细胞的分裂分化、衰老和凋亡都是调节的结果；在器官水平上，心脏节律的调节、激素水平的调节、血糖调节，以及水盐平衡的调节都是稳态调节的重要生命活动；在个体水平上，人体稳态的调节是通过神经—体液—免疫系统的调节得以实现的；在宏观水平上，主要包括种群数量的稳态调节、生态系统的平衡调节等。稳态是生命系统最基础的特征之一，调节是实现稳态的必要手段。

"物竞天择，适者生存"，达尔文的进化论以简洁凝练的语言概括了生命系统中普遍存在的进化与适应观。适应的结果是系统的正常运行，在适应时会随环境改变而不断发生变化，种群中的这种变化逐渐积累并向一定的方向发展就是进化。进化的最终结果是形成新的物种，同时也是新的适应的开始。现代生物进化理论从遗传与变异的角度对自然选择学说进行进一步阐述和论证。自然选择后生物的表型是由基因控制的，基因在传递过程中可能会发生突变和基因重组，这就为自然选择提供了原材料，而由于选择过程十分漫长且方向一致，变异的表型得以保留并最终在遗传上形成生殖隔离，新物种的形成就是进化的阶段性体现。生物的进化包括种间的协同进化，也包括生物与无机环境之间的相互影响，适应与进化是一个不断发展的漫长过程。

从生命系统与无机环境之间的关系来看，生态观是生命观念的重要有机组成部分。生物依赖环境而存在，是环境的主体；生物与生物之间存在诸如捕食、竞争、寄生、共生等复杂的关系，生物在生态系统中扮演生产者、消费者、分解者等不同角色，它们都是生物多样性的重要组成部分；生态系统具有自我调节能力，以及自身的运行规律，即生态系统的抵抗力稳定性和恢复力稳定性。

从生态学的角度看，人类只是地球生态系统中的一个组成成员，其他物种与人类之间是平等的，人类只有正确认识自身在自然中的地位，尊重自然，保护自然，才能够与自然和谐相处，最终达到可持续发展。

（二）科学思维

科学思维是指尊重事实和证据，崇尚严谨和务实的求知态度，运用科学的思维方法认识事物、解决实际问题的思维习惯和能力。学生应该在学习过程中逐步发展科学思维，如能够基于生物学事实和证据运用归纳和概括、演绎与推理、模型与建模、批判性思维等方法，探讨、阐释生命现象及规律，审视或论证生物学社会议题。

在高中生物学课程中，学生可以在学习生物学知识的基础上发展科学思维。学生需要通过对细胞中各类元素和化合物形成的学习，归纳和概括细胞中普遍存在的各类元素、化合物，以及它们的意义和重要作用。在了解细胞基本结构后，要从中归纳出细胞的重要结构，并概括出它们在生命活动中承担的特殊作用。以生命活动过程中的物质变化和能量流动为基础，归纳和概括出生物界最基本的两大生命活动——细胞呼吸和光合作用，并了解它们对生命活动的重要意义。

遗传与进化这部分内容涉及多种科学研究方法的应用，因此学生在学习这部分内容时，科学思维的培养尤为重要。例如，在"遗传因子的发现"这一章的学习中，学生从150多年前孟德尔的植物杂交实验开始，循着科学家的足迹，探索遗传的奥秘。在学习知识的同时，要让学生感受科学家的思维，理解"假说演绎法"，并能够在之后的科学研究中尝试使用，以解决具体的科学问题。"假说演绎法"是指在观察和分析基础上提出问题以后，通过推理和想象提出解释问题的假说，根据假说进行演绎推理，再通过实验检验演绎推理的结果。除了孟德尔对遗传因子的研究采用了"假说演绎法"外，摩尔根对基因与染色体的关系探究历程，DNA复制方式的提出与证实，以及整个中心法则的提出与证实，都是"假说演绎法"的案例。除了"假说演绎法"外，类比推理法也是生物学科学研究中常用的方法，在细胞学说建立过程中，施旺就运用了类比方法。此外，DNA模型的构建、萨顿的假说"基因位于染色体上"都运用了此种科学方法。

　　模型与建模也是高中生物学科学研究中常用的一种方法。模型是人们为了某种特定目的而对认识对象所做的一种简化的概括性的描述。物理模型是最常见的一种模型构建形式，有利于学生的理解和认知。物理模型是指以实物或图画形式直观地表达认识对象的特征。例如，在系统地学习细胞的基本结构之后，学生要能够利用橡皮泥、纸片、泡沫塑料、木块、塑料袋等实物构建细胞模型；1972年，桑格和尼克森提出的生物膜流动镶嵌模型，沃森和克里克在研究DNA分子时制作的DNA双螺旋结构模型等都是典型的物理模型。除了物理模型外，在高中生物学课程学习中学生还需要主动构建一些数学模型以解释和归纳生物学规律。数学模型是用来描述一个系统或它的性质的一种数学形式。建立数学模型，一般包括观察研究对象、提出问题、提出合理建议、根据实验数据用适当的数学形式对事物的性质进行表达，以及通过进一步实验或观察对模型进行检验或修正等几个步骤。例如，"种群的数量变化"中通过研究细菌的分裂增殖而构建的种群增长的"J"形曲线和"S"形曲线则是典型的数学模型。除此之外，酶活性受温度及pH影响的示意图、不同细胞的细胞周期持续时间等都是数学模型的具体体现。在高中生物学课程中，另一类比较常见的模型是概念模型，是指以文字表述来抽象概括出事物本质特征的模型。例如，对真核细胞结构共同特征的文字描述，对光合作用过程中物质和能量变化的解释，达尔文的自然选择学说的解释模型等。模型方法作为现代科学方法的核心内容之一，在生物学上有非常广泛的应用。例如，人教版高中生物必修三"通过激素的调节"一节中"建立血糖调节的模型"模拟活动本身就是在构建动态的物理模型，之后再根据活动中的体会构建概念模型。

批判性思维是科学思维中的一个重要组成部分。批判性思维就是通过一定的标准评价思维进而改善思维，是合理的、反思性的思维；既是思维技能，也是思维倾向。在生物学教学中，培养学生的批判性思维是高中生物学课程学习的重要内容。对于生物学中某些不确定的科学观点，学生要敢于质疑，敢于思考，在表达时注重阐述的严谨性；对于生物学科学实验的开展，学生要能够从生物学现象中发现问题并尝试解决，实验结果若与标准对照出现出入，要积极查找原因并进行实验改进；对于生物科学的发展历程探索，要勇于想象并大胆推测，为现代生物科学的未来发展积极努力。这些都是高中生物学教学中批判性思维的体现，对学生未来的成长和发展也有深刻的影响，学生通过提高自身的批判性思维，能够加强对身边事物的认知，能够运用科学的思维方式和有效的方法解决生活中遇到的问题，更好地享受生活，开创美好未来。

（三）科学探究

科学探究是指发现现实世界中的生物学问题，针对特定的生物学现象，进行观察、提问、实验设计、方案实施，以及结果的交流与讨论。在探究中，学生乐于并善于团队合作，勇于创新。

　　科学探究是生物学学科核心素养的重要组成之一，也是学生在高中生物学学习中需要获得的基本技能和素养。高中生物学中的科学探究主要指生物学实验探究。高中阶段必修部分的生物学实验包括：必修一"分子与细胞"模块中检测生物组织中的糖类、脂肪和蛋白质，用高倍显微镜观察叶绿体和线粒体，探究酵母菌细胞呼吸的方式，植物细胞的吸水和失水，比较过氧化氢在不同条件下的分解，影响酶活性的条件，绿叶中色素的提取和分离，探究环境因素对光合作用强度的影响，观察根尖分生组织细胞的有丝分裂等；必修二"遗传与进化"模块中性状分离比的模拟实验，观察蝗虫精母细胞减数分裂固定装片，低温诱导植物染色体数目的变化等；必修三"稳态与环境"模块探索生长素类似物促进插条生根的最适浓度，探究培养液中酵母菌种群的数量变化，土壤中小动物类群丰富度的研究，探究土壤微生物的分解作用等。通过开展中学生物学实验，学生能够在实验中不断提高自身的科学探究能力。在日常生活和学习中，学生能够主动对生物学现象进行观察，针对现象提出值得研究的科学性问题，根据自身的认知和推断做出合理的假设，通过已学知识及研究经验进行实验设计，积极开展实验探究，分析研究结果得出实验结论，与他人交流讨论进行深入探索，最后真正解决实际生活中的问题。

　　科学探究能够有效帮助学生理解科学概念。参与科学探究的过程可以让学生认同多种生物学研究方法，进一步帮助学生构建生物学知识，在这个过程中也促进学生对科学探究的理解。科学探究渗透了生命科学工作范式和工程学设计的习惯，学生通过掌握科学探究，能够更深入地理解科学知识，对于科学、技术、工程学和数学事业有积极的认知和参与。同时，科学探究有助于学生理解科学本质，让学生成为独立的思考者和学习者。科学探究是生物学课程中具有标志性的主动学习方式，在科学探究中，生物教师要帮助学生成为真正懂得思考的人，并能自主地为自己的问题寻求答案。科学探究策略让学生参与到对真实现象的真实研究中，并在获取新知识的过程中发展智力技能。

（四）社会责任

社会责任是指基于生物学的认识，参与个人与社会事务的讨论，做出理性解释和判断，尝试解决生产生活的担当和能力。学生应以造福人类的态度和价值观，积极运用生物学的认识、理解和思想方法，关注社会议题，参与讨论，并做出理性解释；辨别迷信和伪科学，形成生态意识，参与环境保护实践；主动向他人宣传健康生活和关爱生命等相关知识；结合本地资源开展科学实践，尝试解决现实生活问题。

对于学生来说，不仅要关心如何应用生物学的知识和技能，还要考虑所做的研究对他人和社会将产生怎样的影响和价值；在思考和探索其研究领域所固有的价值和追求的同时，也要考虑这些价值、追求是否与社会普遍的价值观相一致，努力利用专业技能帮助解决全球问题。社会责任既是高中生的一种态度和意愿，又是依赖学习过程所获得的综合能力。在高中生物学课堂中，有诸多内容和教学环节适合融入社会责任的教育。在生物学相关知识技能教学中，将"社会性科学议题"引入课堂是国内外常用的策略之一。生物学涉及诸多当今的社会问题，如克隆、试管婴儿、滥用抗生素、转基因技术、干细胞等，教师可以将生物学知识与这些社会问题相关联，引导学生围绕这些话题展开讨论和分析，为学生提供应用知识的机会，鼓励学生关注生物学与社会之间的相互作用，同时尝试说明如何运用生物学的成果承担社会责任。

以禽流感研究为例，学生在学习中应该对H5N1病毒有一定的了解，感受科学家在研究中的艰辛和积极意义，并向他人宣传健康的生活方式。从埃博拉病毒到新的吸烟管理措施，教师可通过介绍科技新闻，引导学生探究其中的生物学知识，关注人们面对的挑战，讨论可能的应对决策，将课堂知识与生活实际之间建立联系，帮助学生改变对生物学和生物学习的刻板认识，唤起学生的社会责任感。

二、生物学学科核心素养对高中生物学教学的意义

高中生物学课程设计的首要基本理念，即以核心素养为宗旨，着眼于学生适应未来社会发展和个人生活的需要，从生命观念、科学思维、科学探究和社会责任等方面发展学生的学科核心素养；充分体现本课程的学科特点和育人价值，是本课程的设计宗旨和实施中的基本要求。教师深入了解生物学学科核心素养的各个部分有利于更好地开展课堂教学和教育研究；同时，明确学生发展的各项要求能够保证教师有针对性地开展各项教学活动，致力于提高学生各方面的能力。了解学生的学科核心素养发展现状，对教师的日常教学工作的开展也有重要意义；教师在对学生的发展现状进行评估后能够因材施教，针对不同学生的基本情况进行教学，以促进全体学生的共同发展。作为学生，在了解自身的生物学学科核心素养的情况后，能够对自己的科学素养有初步的了解，这有利于学生在日后的学习中能够有针对性地开展自我学习和自我探究活动，并依据相应的标准提升自己各方面的素养，最终获得全面发展。

（一）明确学科核心素养与学业质量标准之间的关系

基于核心素养的教学评价，难点在于如何让核心素养可测可评。要想解决这个问题，必须明确学科核心素养及学业质量标准二者之间的关系。学科核心素养制定是以学业质量标准为依据，个体

成长所需的必备品格和核心能力在学科层面的表现，则通过学科核心素养能力来体现。学业质量标准能否成为可操作的、衡量学生学习水平的依据和抓手，关键要看学业质量标准与核心素养水平划分对接的相关性、匹配性和合理性，即"各核心素养水平一至水平四具体划分细则"是否体现了质量标准的基本要求。学科核心素养各水平划分要客观、准确地把学生对知识的掌握程度表达和区分出来，要真实反映学生生物学科核心素养水平，为发展学生学科核心素养这一课程的根本目的服务。因此，根据学业质量标准要求，科学合理地划分核心素养水平等级，是学科核心素养落实的基础。新课标依据学科质量标准的要求，在宏观层面将学科各核心素养等级划分为四个水平，以求客观准确地反映学生对生物学课程学习的深度和广度，以及学科核心素养能力发展的真实水平。但要使高中生物学科核心素养落实到教学中，关键还要看教师如何领会和理解学科核心素养与学业质量标准之间的关系。掌握核心素养的具体表现与学业质量标准要求的相关性，关系到学科核心素养是否能落实到每一章、每一单元、每一堂课中去。一线教师应认真研读新课标中学科发展核心素养的顶层设计（即总目标），理解什么是学科核心素养，理解和掌握学科核心素养水平与质量标准的相关性，准确把握教学的深度和广度，使学科核心素养在教学中得到落实。

（二）明确学科核心素养与评价指标之间的关系

学科核心素养是基于核心素养的教学评价指标的重要来源，评价指标的确定可以从生命观念、科学思维、科学探究和社会责任四个方面入手。一是在生命观念上，评价指标的设计要针对学生的生命观念是否逐渐形成，能否运用已形成的生命观念解决实际生活中遇到的问题；二是在科学思维上，主要评价学生科学思维的发展，评价指标的设计要针对学生能否逐渐形成归纳与概括、演绎与推理、批判性思维与创造性思维等科学思维的习惯，学生能否通过自主学习与合作学习等途径，获得比较、分析、推理、总结归纳等能力的效果；三是在科学探究上，主要评价学生的科学探究能力，评价指标的设计要针对学生是否具备一定的观察能力、发现并提出问题的能力、设计探究实验验证并能对探究结果进行科学分析的能力等；四是在社会责任上，主要评价学生社会责任意识的发展，评价指标的设计要针对学生是否具有社会责任感，对国家大事是否关注，以及开展生物学社会实践活动的能力等。所以，通过本章的研究可以帮助广大教育研究者及一线教师们明确学科核心素养和评价指标之间的关系，从而利用两者之间的关系，设计出更加合理有效的评价指标。

（三）建构基于核心素养下的教学评价的方法

在传统的教学中往往以教师为中心，重视教师的教而忽视学生的学；教学内容上注重文化知识，忽视学生能力的培养；评价过程重视学习结果，忽略学习过程，对学生得到答案的途径及其思维的发展也不重视；评价标准比较单一，阻碍了学生个性的发展。传统的教学与评价存在的问题对学生核心素养的形成有一定的阻碍作用，限制了学生核心素养的形成。因此，必须转变教学与评价观念。核心素养要求教师在评价学生的时候，不能过于单一，也不能过于片面，而是要综合评价学生，做到多元化评价，并结合学生在课堂中的表现、知识掌握的情况、作业完成效率等对学生进行评价。

总之，生物学学科核心素养的提出对学生的终身成长、教师的教育教学及课程改革的发展都具有重要的指导意义。

三、国内研究现状

（一）核心素养的国内研究现状

核心素养的研究是当前教育改革的重点，教育期刊、学术论文、学术会议、教师培训和教育论坛中，关于核心素养的理论探索和教学实践也越来越多。从2015年开始，有关核心素养的文献发表数量急剧增加，这主要是由于教育部相继发布了落实核心素养和课程改革的一系列措施和文件，意味着党和国家高度重视核心素养，教育研究者和践行者积极落实相关教育方针政策。针对文献分析和研究后发现，我国对核心素养的研究集中于以下两个方面。

1.核心素养的概念和内涵的解读

核心素养的概念从提出到现在经历了一个长期的发展过程，在各个国家不同的社会背景、不同的经济条件及不同的教育水平下，都提出不同的内涵。在对国外研究成果学习的基础上，基于我国的基本情况，教育专家、学者们也发表了相应的研究成果。蔡清田认为，"'核心素养'是可学、可教、可测评的素养，具有共同性、关键性、重要性和必要性"[1]。林崇德认为，"是在接受相应学段的教育过程中，逐渐发展的关键素养，包括必备品格和关键能力"[2]。蒋桂林认为，"核心素养包括知识、能力、态度和价值观的融合"[3]。褚宏启认为，"是为了适应21世纪变革所应该具备的关键素养"[4]。虽然各专家学者的解读有所不同，但都围绕学生终身发

[1] 李艺，钟柏昌.谈"核心素养"[J].教育研究，2015（09）：19–25.

[2] 石明荣."核心素养"中"数学运算"素养的内涵与实践研究[J].中学数学，2017（05）：26–27.

[3] 贡星荣.例谈高考试题中的核心素养考查[J].中学政治教学参考：上旬，2016（7）：61.

[4] 褚宏启.核心素养的国际视野与中国立场——21世纪中国的国民素质提升与教育目标转型[J].教育研究，2016，037（011）：8–18.

展，学生的知识、能力、情感等方面的培养，学生品格与能力，个人发展与社会适应等方面进行了分析。

2.核心素养的落实

教育方针政策和核心素养分别从宏观上和微观上对"教育要培养的人"进行规划，要能为教育工作者实施和操作，还需要与课程接轨，通过各学段、各学科落实到学生。王烨晖认为，"教师是关键，教学是途径，评价是抓手，要充分重视教师的转化作用，重视教学过程，重视评价的引导"[①]；林崇德认为，"核心素养的落实需要通过课程改革、教学实践和教育评价共同完成"[②]；蔡清田认为，"核心素养可通过各学段、各领域、各学科的学习课程来培养"[③]；姜宇认为，"深化核心素养的教育改革，课程标准是基础，课程实施是根本，教师培训是关键，课程评价是抓手，要创新教学评价"[④]。结合教育专家学者的理论研究，教育行政人员和教师应真真正正地把生物学学科核心素养落实到学科课程改革中，不断促进教育改革的发展。

（二）生物学学科核心素养的国内研究现状

学科课程是实现核心素养目标的关键途径和重要载体。生物学学科核心素养的研究相对其他几个学科最少，和其他学科的文献数量差距较大。由于目前生物学学科核心素养相关研究不丰富，从而需要生物教育研究者和实践者加大研究力度。

---

① 王占稳.如何利用教学中的过程评价促进学生发展[J].吉林省教育学院学报（中学教研版），2010（4）：144.

② 姜宇，辛涛，刘霞.基于核心素养的教育改革实践途径与策略[J].中国教育学刊，2016（06）：29-32.

③ 蔡清田.学科核心素养下的课程统整设计研究[J].教育参考，2018（5）：12-16.

④ 姜宇，辛涛，刘霞.基于核心素养的教育改革实践途径与策略[J].中国教育学刊，2016（6）：29-32.

高中生物教师加强相关理论的学习，并在高中生物课堂中渗透核心素养的培养，对于实现生物课程价值具有重要意义。对以"主题+生物学学科核心素养"检索到的文献分析研究发现，目前对于生物学学科核心素养的解读、现状调查、策略研究、教学实践、与新高考的联系、学业考试、教学目标的设计等各方面的研究都有涉及，其中研究集中于以下三个方面。

1.对生物学学科核心素养的解读

生物学学科核心素养的概念和内容在《普通高中生物课程标准（2017年版）》（以下简称《标准》）中有详细阐明，对研究者具有很好的引领作用。生物学核心素养的内涵与价值体现在促进学生认识个体、认识环境及个体与环境之间的关系。在认识个体的过程中了解基本的生物结构，促进学生获取和解读信息的能力；在认识环境过程中掌握生物学的基本观念，在思辨和实践过程中提高能力；在问题解决过程中，培养学生社会责任感。谭永平认为，"核心素养概念、内涵、外延应该包含科学精神、人文底蕴、良好品格，体现在以生物学观念为指导，以探究能力为基础，运用科学思维探索生命世界、解决问题的能力"[1]。蒋桂林认为，"高中生物学核心素养应包括对生命的理解和尊重，对自然的理解与敬畏，对科技的认知与实践，对社会的责任与担当"[2]。因此，教师在日常教学中应切实贯彻党和国家的教育方针，对相关政策和理论进行研究学习，从而有效地进行教学实践。

2.生物学学科核心素养培育策略的研究

教学策略的选择是教学环节中的一个关键，有效的教学策略能

[1]　谭永平.生物学学科核心素养：内涵、外延与整体性[J].课程·教材·教法，2018，038（008）：86-91.
[2]　蒋桂林.基于高中生核心素养培养的生物学科素养的思考[J].中学生物学，2015（10）：9-10.

够提高教学效率。目前，对于生物学学科核心素养的培养策略有了较多的研究成果，包括对生物学学科核心素养的整体研究和对四个素养的单独研究。例如，陈维提出的关联性教学，培养生物学学科核心素养的有效途径，包括在知识的纵横中形成生命观念，在生命科学史的阐释与传递中体悟科学思维，在跨学科的综合运用中培养探究能力，在回归生活世界中树立责任意识。[①]朱为娜在硕士论文中分别从采取概念图策略、合作学习策略、探究性学习策略、PBL策略方面培养学生的生命观念。[②]

3.生物学学科核心素养与学业考试

生物学学科核心素养如何在高考生物试题中落实，成了生物命题专家和高中生物教师研究的另一要点。吴成军认为，"新的生物学考试大纲应该进行调整，新的生物学课程标准与核心素养保持一致，同时生物学高考试题命制也必须围绕核心素养来实施"[③]，并提出了重视理性思维和探究能力的考察，设置核心素养的考察级别，设置真实的作答情境，设置新题型考察逻辑思维与语言表达能力等命题建议。龚雅如在分析高考试题对生物学核心素养考查的基础上，提出了以核心概念为中心，培养学生知识迁移能力；以实验探究为着力点，培养学生解决实际问题的能力；以语言表述为突破点，培养学生严谨规范的思维过程；以实际应用为支撑点，培养学生的兴趣点等备考建议。[④]

① 陈维.关联性教学：高中生物学学科核心素养培育的有效途径[J].生物学教学，2018，43（12）：9–11.
② 朱为娜.高中生物学教学中生命观念培育研究[D].武汉：华中师范大学，2017.
③ 吴成军.基于生物学核心素养的高考命题研究[J].中国考试，2016（010）：25–31.
④ 虞优优.培养学生知识迁移能力，提高学习效率——以浙教版初中科学实际教学为例[J].学苑教育，2016（23）：66–67.

四、国外研究现状

在当今教育改革的浪潮中，世界上很多国家的教育部门和教育工作者都高度关注核心素养，因此提高学生核心素养、推动国民综合素质发展已成大势所趋。从国际上来看，核心素养受到各国际组织和各国政府的普遍重视，是各国政府和国际组织进行教育改革的重点。

核心素养理念的提出主要开始于经合组织1997年所启动的"素养的界定与遴选：理论和概念基础"项目。该项目指出："核心素养是实现自我、充分就业和融入社会的关键素养，是知识、能力、态度的集合，在完成义务教育阶段的学习后，就应该具备这些素养，在后续的工作学习中，继续发挥作用；素养可以通过规划、设计、实施、评价来培养"[①]。随后，联合国教科文组织、欧盟等国际组织，以及世界各国和部分地区开展了一系列关于核心素养的概念界定、框架的遴选和课程改革方案的实施。

2006年12月18日，欧洲议会和欧盟理事会通过了关于核心素养的议案，欧盟核心素养研究成果的最终版本正式向各成员国发布。欧盟的八大关键素养包括公民终身学习、个人成功等方面，从而推动社会经济增长。欧盟核心素养框架的颁布开启了新一轮课程改革，并为世界各国政府提供了人才素养的参照模型。

美国结合政府部门、教育部门和部分有影响力的公司，成立了专门的核心素养研究组织，最后提出符合当今社会个人所需的素养，主要指学生和工作者都需要具备的能力，目的在于确保教育的各个环节都能满足后续继续深造或者工作的需求。例如，各州的教

---

① 万青芳.高中物理核心素养的内涵与培养途径[J].数字化用户，2018，024（009）：183.

材和课程开发与实施就是一个将"21世纪能力框架"所设定的目标映射到课程标准的过程。学校特别安排有独立的主题学习活动，也将核心素养渗透到学科课程中，注重在传统基础上创新和超越。

从国际组织、各个国家对核心素养的界定及框架来看，可以归纳为三个方面，核心素养即基础知识、自我发展与社会参与。基础知识包括人文社科等各领域的知识、能力、情感态度与价值观，还包括语言、算数、科学、工学等各学科的学科素养。自我发展主要是指能够对自己生活、学习和工作进行合理的规划，树立正确的价值观和世界观，有积极健康的生活态度和生活方式。社会参与主要是指能够很好地处理各种人际关系，在完成自身需要的同时，推动社会发展。

总之，从国外的研究来看，核心素养理念的提出与遴选在各个国家和地区，都与时代的发展、社会的进步、科学技术的创新，以及教育的改革密切相关。由于各国际组织、国家和地区的政治、经济、文化水平等方面存在一定的差异，所以在指导核心素养的研究上出现了几种相对有代表性的方向，包括基于终身学习的全面教育、基于能力发展的基础教育、综合跨学科的教育体系等。各国际组织和各国政府对核心素养的界定既有相似之处，也有所不同，使得核心素养既有国际共识，又有各国特色。从国外核心素养课程体系的实践来看，世界上许多国家已经将核心素养融入课程体系中，主要分为两种模式：一是先通过实证调查与研究构建出独立的核心素养框架，再与教育各个阶段的课程体系融合；二是没有构建出独立完整的核心素养体系，但是在学科课程中的各个教学环节中融入了核心素养的理念。

五、高中生生物学学科核心素养培育的教育策略

（一）转变教学模式，培养学生学科核心素养

现代教学理论强调以学生为本的理论主张，重视学生在学习过程中的地位与作用，有助于课程和教学向健康的方向发展，完成教育培养人、塑造人的最终目的。在此影响下，高中生物课堂教学逐渐转型，教师由课堂教学的主导者转变为组织者、引导者、服务者；学生由被动地接受知识转变为主动参与学习；课堂教学由教转学，由教会变为学会。根据不同的教学内容，可以逐步进行多种形式的教学。

1.生物课堂的"学讲模式"

"学讲模式"就是学生学进去、讲出来的一种教育理念的具体实施。在教学过程中，课前教师布置任务，学生分组学习，课堂上交流展示。这种教学模式能够达到培养学生学科核心素养的目的，许多学校开始尝试。比如，山东省兖州一中进行"循环大课堂"，把每堂课分为"展示"和"预习"两节，"35+10"，每节课前35分钟"展示"，后10分钟"预习"下一节课；山东昌乐二中的"课堂教学271法则"，主要将课堂按照2：7：1的比例划分为预习、互动、测评三大模块，要求教师讲课时间不大于20%，70%的时间留给学生自主学习，剩余10%用于每堂课的成果测评。这种课堂教学模式真正将课堂还给学生，学生在学习和分享的过程中学会学习、学会合作、学会沟通，使学生在构建生物学科学体系的同时，进行迁移应用，学会认识生物世界，解释世界。

2.STEM教育，综合教学

新课程以核心素养为导向，强调人的全面发展，培养学生综合素质，最典型的就是STEM（Science科学，Technology技术，

Engineering工程，Mathematics数学）教育。我国在吸收和借鉴国外的教育经验基础上，结合实际国情，发展STEM教育，开展基于项目的教学，综合科学技术、工程设计、数学运算，培养学生的核心素养。另外，国内外也开始尝试在STEM教育实践中运用"5E"教学模式——参与（Engage）、探究（Explore）、解释（Explain）、迁移（Elaborate）、评价（Evaluate）五个阶段。培养学生综合素养的另外一种方式是打破学科界限，进行单元学习，如河北省围场天卉中学进行"大单元教学"，学科间进行单元归类，学生进行"提升展示课"。

（二）加强生物学资源配置，因地制宜组织探究活动

在生物教学中许多实验课程和探究活动没能开设，其中一个原因就是受学校硬件设施的限制。另外，生物教师对生物学课程资源认识不足，不会发现和利用生物学资源。从这两方面入手可以极大地丰富生物学教学资源，优化学生生物学学科核心素养的培养条件。

1.加强学校生物学资源配置

学校的硬件设施可以为学生的教育教学提供保障和便利，生物学课程资源为生物教学的顺利开展提供条件，最常见的就是多媒体教学、PPT、GIF动图、Flash动画、视频等，使生物教学更直观，也更容易将学生代入一定情境中去。设置较好的生物学实验室，配备专门的教师和实验员，开设生物学相关社团，组织学生针对生物学相关社会热点问题或生物科学前沿问题进行探究，这样非常有利于学生生物学学科核心素养的培养。另外，在校园内营造良好的生物学氛围，创设充满生物学气息的校园，如对校园内的动植物资源进行开发，就能得到最天然的当地植物学、动物学教科书。

2.因地制宜组织探究活动

即使学校硬件设施不够，教师也可以结合学校课程资源与学生实际，设计探究性活动，培养学生的科学思维和科学探究能力，以及社会责任。教材中涉及的探究活动很多在校园内就可以设计实施，如调查草地中某种双子叶植物的种群密度，土壤中小动物类群丰富度的研究等；还可以根据实际情况设计生物学探究活动，如笔者实习学校组织的探究性活动——细胞模型协作大赛，全体高一年级学生分组，制作真核细胞的三维结构模型，使用的材料包括橡皮泥、硬纸板、史莱姆等；也有学校具有3D打印机，学生可以用3D打印技术来完成细胞模型的制作。无论何种方式，学生在真核细胞的三维结构模型的制作过程中，通过设计细胞所具的亚显微结构，判断各种结构所发挥的功能，如细胞膜上脂质分子与蛋白质分子是如何排布的，这与细胞膜的功能有什么样的关联，这样就对细胞有了全面的认识，培养了学生的结构与功能观，全面发展了学生的生物学学科核心素养。

（三）促进教师专业发展与教育理念的转变

学科核心素养导向的生物教学以发展学生素养为目的，这就要求教师一方面提升专业能力，思考生物学科思想和大概念，梳理和构建生物学学科体系，提升自身对生物学科的认识；另一方面，转变教育思想，学会将课堂还给学生，做一个好的指导者，从原来讲授知识变为指导学生学习知识，形成生物学概念体系，从而认识世界、解释世界。

1.促进教师专业发展

新课程改革对教师提出了更高的要求，要求教师具有终身学习的能力，能够获得知识、选择知识、学习知识，只有这样具有广阔的视野、渊博的学识、强烈的好奇心和求知欲的生物学教师，才能跟得上生物科学技术的飞速发展。除此之外，教师还要了解学生，了解学生的行为习惯和心理特征，在生物课堂教学前做好学情分析，明确最近发展区。因此，要加强职前教师的培养，以及在职教师的培训。

2.促进教师教育理念的转变

教师是课堂教学的指导者和评价者，其具有的教育理念影响着课堂教学的效率，也影响着学生学科核心素养的培养。教师应树立核心素养教育理念，以学生为本，充分调动学生的热情和积极性，使学生主动参与到生物课堂教学中来，实现学科核心素养目标的培养。

六、基于生物学学科核心素养的教学实践

基础教育的根本任务是促进学生全面发展和终身发展的同时，培养社会和国家需要的人，坚持在教育的各个领域中融入核心素养。学科教学体系要围绕核心素养目标来设计，教师在教学过程中要围绕这个目标来教，学生也要基于核心素养这个目标来学。在高中生物学教学中渗透生物学学科核心素养的各要素，需要预先对教学过程中的各个环节进行设计分析，这样才能更好地保证教学过程顺利展开，教学目标有效达成。教师通过设计—实践—反思总结—形成课例—构建案例，促进教师专业发展，最终提高教学效率。下面以高中生物必修三《稳态与环境》部分内容为例，精选教学内容和教学策略进行教学设计、教学实践，形成教学课例，并对课例进行分析，提出教学建议。

案例一：

"植物生长素的发现"的教学案例

一、教材分析

"植物生长素的发现"是人教版普通高中课程标准实验教科书生物必修三《稳态与环境》第三章第一节的内容，包含生长素的发现过程，生长素的产生、运输和分布两个教学因子，教学安排为2课时，本节课为本节内容的第一课时，主要介绍生长素的发现过程。

教材"问题探讨"栏目从"向着窗外生长的植株"这一问题入手，引导学生对植物向光性现象进行探讨，揭示了植物向光性这一生命现象在生长素调节作用下产生的个体适应性；以生长素发现的历史为线索，选取其中关键性的科学史实，引导学生像科学家一样去发现问题、解决问题，并在严密逻辑推理的基础上做出判断，体验科学探索的过程和科学知识的形成过程，促进学生理解科学的本质和科学研究的方法。随着学习的深入，学生认识到植物激素的存在，并初步了解生长素的产生、运输和分布，这也为学习本节第2节"生长素的生理作用"、第3节"其他植物激素"奠定基础。

"生长素的发现过程"是本节重点，涉及一系列经典的科学实验，教学时应让学生尝试像科学家一样去思考如何设计实验，如何从实验现象推理、归纳和发现，从而培养学生的科学思维素养和科学探究素养。"科学设计的严谨性"是本节难点，通过"生长素的发现过程"归纳出科学实验设计的一般方法，即提出问题、做出假设、设计实验进行探究、分析实验结果和得出结论。在教学过程中，教师通过问题的设置、小组合作交流等形式，引导学生思考、分析、观察总结，从而突破难点。

二、学情分析

本节课的授课对象是高二年级的学生。学生在第二章学习了"动物和人体生命活动的调节"之后，对生物的生命活动调节有了一定认识。同时，学生在生活中对植物的向性生长，尤其是向光性与向重力性这一现象有一定的了解。又由于本节课所学内容涉及实验的设计、分析和交流，因此采用合作学习策略和探究性学习策略进行教学。高二年级的学生观察力较强，但逻辑思维能力及对实验现象的分析能力有待提高。因此，在教学过程中，教师要利用启发式教学，精心设置疑问，引导学生进行小组合作探讨，激发学生的探究学习兴趣，从而培养学生科学严谨的思维和实验探究的能力。

三、教学目标

1.描述植物的向光性

2.概述植物生长素的发现过程

3.探讨生长素发现及植物向光性的原因

4.尝试进行探究实验的设计，并对实验进行评价

5.体验生长素发现过程中蕴含的科学精神，认同科学发展是一个继承、修正、补充与创新的过程

四、重难点分析

重点：生长素的发现过程。

难点：科学实验设计的严谨性分析。

【设问】人体维持稳态的主要调节机制是什么？

【设问】植物没有神经系统，也没有血液循环，怎样调节生命活动呢？

学生回顾旧知，回答问题：神经—体液—免疫调节网络。

【提问】植物生长有什么特点？是什么因素引发植物生长方向的改变？为什么会向窗外生长？

学生：弯向窗外生长。光、温度、水分等。弯向窗外生长可以使植物获得更多阳光，进行光合作用。

【总结】师生共同总结向光性的概念。

向光性：在单侧光的照射下，植物朝向光源方向生长的现象叫作向光性。

【过渡】胚芽鞘是什么呢？

学生思考。

【设计意图】引起学生注意生活中的现象，并利用所学知识解释这些现象。

【提问】既然胚芽鞘弯曲生长与尖端有关，弯曲发生在尖端下部，那么感受光束刺激的部位是尖端还是其下部呢？

学生思考并回答。

结论一：胚芽鞘向光生长，与尖端有关。

结论二：感光部位在尖端。

【提问】尖端感受刺激，而弯曲发生在尖端下部，这是为什么呢？尖端和下部有什么联系？

学生认真思考。

【过渡】胚芽鞘尖端受单侧光刺激之后，就向下面的伸长区传递某种"影响"，造成伸长区背光面比向光面长得快，因而使胚芽鞘出现向光弯曲。

【布置任务】这种"影响"究竟是什么呢？请同学们设计实验证明自己的猜想。

小组讨论设计方案。

【设计意图】引导学生进行归纳、分析、总结，体会科学家科学严谨的实验设计过程。

【课件展示】拜尔实验示意图。

分析汇报结果。

请学生描述这个实验，并说明这样做的目的是什么。

学生观察。

小组汇报。

全班交流。

描述实验及目的。

【提问】通过这个实验可以得出什么结论？

结论：胚芽鞘的弯曲生长，是由于尖端产生的影响在其下部分分布不均导致的。

【师生共同总结】这些实验初步证明了尖端产生的影响可能是一种化学物质造成的，这种化学物质的分布不均造成了胚芽鞘的弯曲生长。

【课件展示】温特实验示意图。

请学生描述这个实验，并说明这样做的目的是什么。

学生观察。

描述实验及目的。

【提问】通过这个实验可以得出什么结论？

结论：胚芽鞘的弯曲生长确实是一种化学物质引起的，并把这种物质命名为生长素。

【过渡】继生长素发现后，人们又陆续发现了赤霉素、细胞分裂素、脱落酸和乙烯等植物激素。

【提问】什么是植物激素？植物激素首先应该是由什么产生的？从哪里运送到哪里？对植物激素有什么影响？植物激素的量是多，还是少？

学生思考并回答。

【设计意图】创设问题情境，激发学生思考。

【课件展示】生长素的发现历程。

师生共同总结科学探究的一般过程。

梳理学习内容。

【布置任务】对比植物激素和动物激素的异同点。

对学生回答进行总结分析。

学生讨论并作答。

【设计意图】及时诊断教学效果，获得学习反馈。

　　本课利用科学史内容，采用合作学习策略和探究性学习策略，通过对"生长素的发现过程"这一科学史内容的学习，利于学生创造性思维的提高。在进入新课学习之前，教师首先创设情境，展示放在窗台上久不移动的盆栽植物图片，引起学生的疑问，小组讨论"这些植物生长有什么特点？是什么因素引发植物生长方向的改变？为什么会向窗外生长？"小组尝试解答问题，本环节旨在增加教学的趣味性，培养学生的学习兴趣。

　　在学生对植物的向光性有一定认识之后，展示达尔文的实验设计图，分别对四个胚芽鞘编号，对比四个胚芽鞘的异同点，引导学生得出结论。学生根据达尔文设计实验的思路和材料，小组讨论设计实验证明是什么物质导致胚芽鞘弯曲生长。在实验设计的过程中交流讨论，不断完善实验方案，在设计实验过程中体会科学实验的严谨性。将小组设计的实验方案和科学家设计的实验方案进行对比，并汇报小组实验结果的优点和不足，最后通过温特的实验进行分析，与达尔文实验遥相呼应，解决课前的问题，促进学生对科学本质问题的理解。学生在讨论和设计实验过程中，还应注意引导学生对探究实验进行评价和总结，引导学生掌握科学研究的方法，有效训练学生逻辑思维的严谨性。

综合以上分析，本节课对生物学学科核心素养各要素的培养均有涉及，着重体现了科学思维和科学探究素养，具体分析如下：

生命观念方面：学生利用向光性这个生物学概念，解释观察到放在室内窗台上久不移动的植物弯向光源生长这一生命现象，从而促进学生在较好地理解概念的基础上形成生命观念；通过对生长素作用的学习，促进对生长素这一概念的理解。

科学思维方面：学生在对达尔文实验、鲍森·詹森、拜尔和温特的实验分析过程中，体验科学发现的过程，从而培养严谨、务实的学习态度；在设计胚芽鞘可以透过生长素和生长素导致胚芽鞘弯曲的实验过程中，不断完善实验，逐渐形成科学严谨的思维，从而提高解决问题的能力。

科学探究方面：引导学生分析每一个科学家的实验，基于实验提出疑问，分析实验的不足，尝试做出假设，通过小组讨论后设计实验，验证假设，在这一过程中明确探究流程、步骤和方法，培养学生的科学探究素养。

社会责任方面：在学生说出实验不足的时候，提问"是什么导致这一实验结果的不足？科学的发现是不是一蹴而就的？科学发现需要什么精神？"从而引导学生做出理性的解释和判断，并认同科学发展是一个继承、修正、补充与创新的过程。

案例二：

"生态系统的信息传递"的教学案例

一、教材分析

"生态系统的信息传递"是人教版普通高中课程标准实验教科书生物必修三《稳态与环境》第五章"生态系统及其稳定性"的内容。本节课包括"生态系统中信息的种类""信息传递在生态系统中的作用""信息传递在农业生产中的应用"三个教学因子。教材中"问题探讨"栏目通过蜜蜂的通信方式，引导学生思考生态系统中信息的实例，导入本节课所学；生态系统中信息的种类是学生所熟悉的，教学过程中通过大量信息传递的实例，激发学生的学习兴趣。信息在生态系统中的作用是本节课的重点，通过引导对资料分析的实例进行讨论，从个体层面、种群层面、群落层面总结出信息传递在生态系统中的三个作用。信息传递在农业生产中的应用，通过学生讨论能够举出实例，并归纳总结出结论。本节内容通过信息传递，把生态系统各组分联系在一起，并且有调节生态系统稳定性的作用，因此本节内容是对生态系统功能的丰富和延伸。

二、学情分析

本次课程授课对象为高二年级的学生。学生结合生活经验，知道生态系统中存在很多信息传递的例子，容易激发学生的学习兴趣；学生在前面学习过生态系统的结构、生态系统的能量流动，以及生态系统的物质循环，在此基础上学习本节内容，符合学生的知识储备。但学生第一次将生态系统中的信息进行分类，在学习时可能容易混淆；对农业生产也不熟悉，所以教师在教学中要多举实例，举出的实例尽量是学生通过网络或者生活所了解过的，从而促进学生顺利学习。

三、教学目标分析

1.举例说出生态系统各类信息传递的作用

2.通过列举的材料学习，说出生态系统中信息传递的作用

3.能举出信息传递在生态系统中的作用类型的相关事例

4.通过问题探讨，说出信息传递在农业生产中的作用

5.描述信息传递在农业生产中的运用

四、重难点分析

重点：信息传递在生态系统中的作用。

难点：分析实例，总结出信息传递在生态系统中的作用类型。

【提问】花是如何知道四季变迁的呢？

【过渡】在生态系统中是如何传递的呢？

学生：通过温度的变化，日照时间的长短，以及对自身生命活动的调节。

【提问】在我们的生态系统中，还有哪些信息传递？

学生思考。

【提问】我们简单把同学们说的这些信息分类，可以分为几类？怎么分？

学生：三类。物理信息、化学信息、行为信息。

1.物理信息

【提问】蜘蛛是如何知道有昆虫落网的？

学生：蜘蛛网的震动频率。

【小结】

物理信息：生态系统中的光、声、温度、磁场等通过物理过程传递的信息。

【展示】蛇的红外线感受器图片：蛇是我们比较熟悉的动物，同学们对蛇有哪些认识呢？

【展示资料】蛇的温觉感受器。

学生观察。

【提问】温度是属于哪种信息呢？

学生：物理信息——温度。

【展示】大雁南飞的图片。

【提问】大雁是通过什么知道方向的呢？

学生讨论。

【提问】地磁场是属于哪种信息呢？

学生：物理信息——磁场。

【展示】萤火虫图片。

【提问】同学们知道这是什么动物吗？

学生思考。

【提问】萤火虫是通过什么传递信息的呢？

学生：物理信息——声音。

【提问】为什么会有那么多蛙此起彼伏地鸣叫？它们在开演唱会吗？有什么目的呢？

学生：吸引异性交配。

【提问】通过声音传递信息是属于哪种信息呢？

学生：物理信息——声音。

2.化学信息

【举例】雌蛾分泌信息素。

【小结】

化学信息：生物产生一些可以传递信息的化学物质，如植物的生物碱、有机酸，动物的性外激素等。

【提问】我们生活中有哪些靠化学信息传递的例子？

学生：狗走一段路就会撒尿，用来记路；植物分泌的花香吸引昆虫传粉等。

【展示资料】老虎、狮子撒尿圈地，凤眼莲根系分泌物对藻类有克制作用。

3.行为信息

【展示资料】蜜蜂跳舞，孔雀开屏，公鸡红冠。

学生观看资料并学习。

【小结】

行为信息：动物的特殊行为，对于同种或异种生物也能够传递某种信息，即生物的行为特征可以体现行为信息。

首先，本节课主要采用PBL策略，通过学生耳熟能详的一句古诗"竹外桃花三两只，春江水暖鸭先知"引发学生的思考和讨论，自然而然地衔接出本节课所学；其次，展示"蜜蜂传递蜜源""蜘蛛用蜘蛛网捕获猎物""蛇的红外线感受器""大雁辨别方向""萤火虫发光""蛙鸣叫""雌蛾分泌信息素""凤眼莲根部分泌杀死其他植物""孔雀开屏"等示例和图片，讨论分析不同的生物特殊的行为传递的是哪一类信息，通过对多个信息进行强化训练，加深学生对每一类信息的理解，从而对生活中经常见到的生物信息进行分类；最后，再通过对蝙蝠的超声波传递的信息进行分析，如果没有超声波的传递，蝙蝠能不能捕食？生命活动能不能进行？通过对烟草、莴笋等植物的开花和光照的关系进行分析，从而得出植物的生长繁殖离不开光照、温度等这些物理信息。通过与学生所熟知的生活实例相联系，并以此解决生活中的实际问题，达到教学的目标。

综合以上分析，从生物学学科核心素养培育的角度来说，本课例着重体现生命观念、科学思维和社会责任素养，具体分析如下：

生命观念方面：学生对蜜蜂的"舞蹈"进行讨论，获得对动物信息传递的总体认识，知道动物可以通过一些行为传递信息，而动物之间的信息传递是不是只有行为，以此激发学生的求知欲，为后续的学习埋下伏笔。通过分析蝙蝠超声波回声定位的作用，分析莴笋等一些植物没有光照会出现什么样的后果，分析烟草分泌的信息素与蛾类的关系，从而归纳总结出信息传递对个体生命活动的作用，对种群繁衍、对生态系统中的作用。

科学思维方面：通过展示一类信息传递的图片，引导学生归纳出图片所包含的信息类型；通过分析蝙蝠的回声定位、莴苣种子与光的波长的关系图等资料，尝试归纳总结出信息传递在生态系统中的作用，培养学生用科学思维解决实际问题的能力。

社会责任方面：通过学习生态系统中各类信息对生物个体、生物种群、生物群落和在农业生产中的应用，学生体会到各种生命都具有独特的价值，从而形成保护动物、保护环境的意识。

案例三：

"免疫调节"的教学案例

一、教材分析

"免疫调节"是普通高中课程标准实验教科书生物必修三《稳态与环境》第二章第四节的内容，本节内容包括免疫系统的组成、免疫系统的防卫功能、免疫系统的监控和清除功能，以及免疫学的应用等四个教学因子，根据教师参考用书建议，需用两课时，本节课是第2课时。

本节内容位于本章末，是对前面学习的补充和延伸。本节课从免疫功能过强和过弱展开学习，总结出免疫系统的功能，最后通过资料分析探讨出免疫学的应用，从而使学生全面了解免疫系统在维持稳态中的作用，关注艾滋病的流行和预防，关注器官移植所面临的问题，进一步探讨科学、技术、社会的关系。

二、学情分析

本节课的授课对象是高二年级的学生，其具有一定分析资料和归纳总结的能力。本节课内容与学生生活和健康是紧密联系的，因此学生对本节课的内容有着浓厚兴趣。学生通过前面的学习，对人体的三道防线及免疫功能和特异性免疫有了一定的理论基础，通过生活经验对过敏反应有一定的了解，但由于免疫失调引发疾病的原理、免疫学应用方面缺乏系统的学习，所以教师在教学过程中应该创设相应的问题情境，引发学生讨论和交流，让学生在良好的学习氛围中学习。

三、教学目标

1.说明免疫系统的功能

2.举例说明免疫功能异常可能引发的疾病

3.能利用所学的免疫学知识，解释生活中相关的生理现象

4.关注艾滋病的流行和预防

5.认同解决器官移植所面临的问题离不开科学技术的发展

四、教学重难点

重点：免疫失调引起的疾病；免疫系统功能。

难点：免疫失调引起的疾病。

【问题讨论】

免疫系统的防卫功能是不是越强越好呢？你能不能举几个例子？

学生思考并回答。免疫功能过强的例子，如过敏反应、自身免

疫病等。

【设计意图】巩固旧知，建立知识间的联系。

1.过敏反应

【过渡】正常的免疫功能是维持内环境稳态所必需的，免疫功能过强或过弱，都可能引起机体功能的紊乱。

【讲授新知】免疫功能过强，会产生过敏反应和自身免疫病；免疫功能过弱，会造成免疫缺陷病。

【提问】什么是过敏反应？过敏反应有什么特点？怎么预防？

学生思考。

【讲解】过敏反应：已产生免疫的机体，再次接受相同抗原的刺激时所发生的组织损伤或功能紊乱，能够引起过敏反应的抗原物质叫作过敏原。

【提问】你们出现过过敏症状吗？知道的过敏原有哪些？

学生思考并回答。

【讲解】常见的过敏原有：花粉、粉尘、鱼虾、牛奶、蛋类、青霉素、磺胺、奎宁、动物皮屑、羽毛等。但过敏原具有明显的个体差异，是因人而异的。

【设计意图】使学生明白正常的免疫功能是维持内环境稳态所必需的，免疫功能过强或过弱，都可能引起机体功能的紊乱。从学生生活入手，激发学生的兴趣。

【师生共同总结】过敏反应的特点和预防措施。

特点：发作迅速、反应强烈、消退快；不破坏组织细胞，不引起组织损伤；有明显遗传倾向和个体差异。

预防措施：找出过敏原并避免再次接触。

【过渡】过敏反应能不能治疗？需不需要治疗呢？

学生思考。

【拓展】治疗：极轻微的过敏可以不治疗，分散注意力一段时间就消失了；较轻微的过敏可静脉注射含钙药物；严重的过敏需要上医院对症救治。

【过渡】免疫过强还可能造成自身免疫病，什么是自身免疫病呢？

学生思考并回答。

【讲解】由于免疫系统异常敏感、反应过度，"敌我不分"地将自身物质当作外来异物进行攻击，引起对自身组织和器官损伤的症状。

【提问】你们知道有哪些疾病是属于自身免疫病吗？

小组讨论并回答。

【设计意图】拓展学生的知识面。

【过渡】免疫过弱的时候，又会怎么样呢？

【讲解】免疫缺陷病：机体的免疫功能不足或缺失，不能有效抵抗抗原的感染而导致的疾病，如艾滋病。

师生共同总结艾滋病的概念、致病机理、传播途径、分布，以及预防措施。

【设计意图】通过对艾滋病概念、致病机理、传播途径、分布，以及预防措施的掌握，加深学生对这一疾病的了解。

【过渡】随着人类对免疫系统认识的深入，免疫学得到了广泛的应用。你们知道免疫学有哪些应用吗？

学生阅读资料，讨论并回答。

【设计意图】培养学生阅读信息、提取信息、分析信息的能力。

【课堂练习】

牛痘疫苗是取自牛的牛痘脓包中的浆液制成的。1961年以后，由于我国推广了新生儿接种牛痘疫苗的措施，天花在我国终止传播了。请根据本节所学的内容，简述其中原理？

学生阅读并思考问题。

【设计意图】及时诊断教学效果，获得学习反馈。

首先，在本教学课例中，主要采用创设情境策略和合作学习，从免疫功能是不是越强越好这个需要解决的问题开始学习，在小组讨论中寻找答案。其次，通过列举一个过敏反应的实例，提出一系列问题，让学生在解决问题中获取知识。通过关于艾滋病的一则资料分析，设置相应的问题，学生通过分析资料，提高获取并整理信息的能力；学生在讨论解答问题的过程中，能够了解到生活中一些免疫学的知识，并且学会用生物学的知识辨别伪信息，关注艾滋病的流行和预防等。在这个过程中，学生也能感悟生命，养成珍惜生命、关爱自己和他人的意识。最后，通过让学生讨论器官移植的生物学知识，引导学生思考、分析器官移植面临的问题这一难题有哪些解决措施，促使学生认同解决器官移植所面临的问题离不开科学技术的发展，教师在问题的讨论中帮助学生理解和掌握知识，提高运用知识解决实际问题的能力。

综合以上分析，从生物学学科核心素养培育的角度来说，本课例着重体现生命观念和社会责任素养，具体分析如下：

生命观念方面：通过对免疫功能过强和过弱所造成影响的探讨，引导学生结合生活中免疫相关的过敏反应、自身免疫病和免疫缺陷病的症状、防治措施、治疗方法，从而达到利用所学的免疫学知识解释生活中相关的生理现象的目的。

社会责任方面：通过对资料分析，引起学生关注艾滋病的传播途径和预防措施，在正确认识艾滋病的基础上，积极向他人宣传艾滋病的传播途径、预防措施及死因；通过讨论"器官移植所面临的主要问题"，利用所学免疫学知识去解释器官移植的原理，认同解决器官移植所面临的问题离不开科学技术的发展，唤起人类更多的爱心。

案例四：

"通过激素的调节"的教学案例

一、教材分析

"通过激素的调节"是普通高中课程标准实验教科书生物必修三《稳态与环境》第二章"动物和人体生命活动的调节"中第二节的内容，包括激素调节的发现、激素调节的实例、激素调节的特点三个教学因子。按照教学计划，本节课分为3个课时，本节课为第2课时，主要讲"血糖平衡的调节"。

"血糖平衡的调节"是激素调节的实例之一，属于激素调节中反馈调节的典例，是本节的重难点之一。学生通过学习本节的内容，既可以体会激素调节与神经调节的不同点，也能为下一节激素的分级调节和总结激素调节的特点做好铺垫，起到承上启下的作用。

二、学情分析

本次课程授课对象为高二的学生。他们好奇心强，有较强的观察和推理能力，但模型构建的能力还有待提高。从知识储备上看，学生对胰岛素和胰高血糖素的作用有所了解，但对于激素如何调节人体的生命活动没有学过，加上血糖调节的过程比较抽象，所以学生学起来有一定的难度。因此，教师在教学中要设置问题情境，激发学生的兴趣；通过模型构建，化抽象为具体，培养学生的生物学学科核心素养。

三、教学目标分析

1.通过血糖调节模型的建构与应用，从系统分析的角度初步认识个体生命系统的稳态

2.在学习过程中逐步发展学生模型与建模的科学思维

3.举例说明激素通过分级调节、反馈调节等机制维持机体的稳态

4.能够运用稳态与平衡观这一生命观念分析和解决社会生活中的问题，并建立健康文明的生活方式

四、重难点分析

重点：血糖平衡的调节。

难点：血糖调节的分析与模型构建。

【展示】播放视频一：孙扬力压群雄摘金。

【过渡】在1500米的自由泳中，血糖不断在被消耗，但是含量基本维持在正常的范围内。那么，血糖的平衡是如何调节的呢？这节课，我们一起来学习血糖平衡的调节。

学生观看视频。

【设计意图】通过视频引导学生观察和思考，从而理解内环境是一个动态平衡的正常范围。

【提问】什么叫作血糖？

学生思考并回答：血糖就是血液中的葡萄糖。

【问题探讨】正常人的血糖含量约为0.8g/L～1.2g/L，全身的血量约为5L，正常人全身的血液加起来总共含葡萄糖多少克？

【提问】在1500米的自由泳竞技中，运动员每分钟消耗10g糖类，如果仅靠血液中的葡萄糖，孙扬能游多少秒？

学生思考。

【过渡】刚才我们看到孙扬获得冠军的成绩是14分31秒02，那么维持孙扬比赛的葡萄糖是从哪里来呢？

学生讨论。

【提问】正常情况下，血糖有几个来源？具体是哪几个？

学生：3个。具体是食物消化、吸收；肝内储存的糖元分解；脂肪和蛋白质的转化。

【提问】那运动时血糖又有几个来源呢？

学生：血糖氧化分解为二氧化碳和水，释放出能量，合成肝糖原、肌糖原，转化为脂肪和某些氨基酸。

【设计意图】与生活实际相关，用所学的生物学知识解释生活中学生所熟知的现象。

【提问】胰岛素有什么作用？胰高血糖素有什么作用？

学生思考并回答。

【讨论】胰岛素主要是通过什么途径降低血糖？胰高血糖素又是通过什么途径升血糖？

请学生回答问题。

师生共同总结。

【设计意图】对胰高血糖素和胰岛素的产生部位、作用、调节过程做一个系统的分析，培养学生的生命观念。

【提问】胰高血糖素能不能促进食物中糖类物质的消化吸收呢？

学生讨论。

【构建运动时血糖调节模型】

1.首先，让学生在桌面上构建正常的血糖模型0.9g/L

2.继续构建运动时血糖调节的模型，并且表示出血糖的去路：0.9g/L～0.7g/L

3.构建恢复时的模型：0.7g/L～0.9g/L

请一个小组的同学到黑板上展示这个模型构建的过程。

指导学生进行模型构建。

让学生代表上台展示模型构建的过程。

组长跟随教师一起，向组员展示模型材料：

①在桌面上构建正常的血糖模型0.9g/L。

②构建运动时血糖调节的模型，并且表示出血糖的去路。

③构建恢复时的模型。

上台展示模型构建的过程及思路。

【设计意图】结合文字信息、数学模型，制作物理模型，通过培养学生的模型构建的能力，从而培养学生的生物学学科核心素养。

【布置任务】小组构建血糖平衡的概念模型。

【提问】饭后血糖浓度升高，为了维持血糖的平衡，胰岛B细胞会增加胰岛素的分泌，那么机体内胰岛素的含量会不会一直增加呢?

总结：反馈调节概念。

学生思考并回答：不会。

【设计意图】举一反三，活学活用，再次强化概念模型的构建方法，培养学生的生物学学科核心素养。

【布置任务】以胰岛素和胰高血糖素为例，构建反馈调节的概念模型。

学生以胰岛素和胰高血糖素为例，构建反馈调节的概念模型。

【设计意图】与"社会联系"栏目讨论与分析，培养学生表达交流能力的同时，渗透健康的生活方式，培养学生的社会责任意识。

本课主要采用模型构建和合作学习策略。教师首先通过学生所熟悉的体育运动员"孙杨力压群雄夺冠"的视频创设情境，激发学生的学习兴趣，从而引出本节所学。课例通过与学生自身息息相关的示例，引导学生小组合作讨论，分别构建出"血糖平衡调节模型""运动时血糖调节""饭后血糖调节"模型，通过不同状态下血糖调节模型的建构，认识正常机体的稳态调节。最后，通过引导学生构建血糖平衡调节中的"反馈调节与负反馈调节"这一概念模型，说明激素调节的几种方式是如何维持人体内环境的稳态。在小组合作采用卡片构建模型的过程中，小组之间不断磨合，发表自己的见解，从而提高表达交流的能力和组内的凝聚力；在模型建构的过程中，学生的科学思维得到逐步发展，并且运用"稳态与平衡"这一生命观念分析和解决社会生活中的问题，从而形成健康文明的生活方式。

综合以上分析，从生物学学科核心素养培育的角度来说，本课例着重体现生命观念、科学思维和社会责任素养三个方面，具体分析如下：

生命观念方面：通过分析血糖的三个来源和三个去向，认识正常机体维持内环境稳态的过程。从系统分析的角度初步认识个体生命系统的稳态，阐明人体内与血糖调节有关的几种激素的作用，树立"稳态与平衡"的生命观念。

科学思维方面：学生在课前准备代表血糖的卡片，课上经小组讨论后，利用卡片模拟构建出吃饭后血糖是如何变化的模型，结合胰岛素和胰高血糖素调节过程这一概念模型构建，学生在模型构建的过程中形成严谨务实的态度，逐步发展科学思维。

社会责任方面：将血糖过高引起的疾病和血糖过低引起的疾病联系起来，学生在分析具体案例的过程中学习生物学知识，并引导学生回答什么样的生活方式才是健康的生活方式，让学生思考自己、家人、朋友有哪些不科学的饮食习惯，并向身边的人普及自己所学的知识，从而培养学生责任与担当的能力。学生讨论糖尿病病人饮食应该注意些什么；血糖如何变化；怎样防治糖尿病。在讨论交流过程中，学生可以了解生活中的一些疾病常识，培养学生养成健康的生活方式的意识，养成良好的生活习惯，并向他人宣传，从而提高社会责任素养。

第二章 核心素养下的高中生物教学设计

第一节 相关概述

一、高中生物学科核心素养

生命科学作为自然科学领域的重要课程之一，也是学生基础教育阶段所必修的科目之一。生物学科核心素养作为学科核心素养的分支，是基于一定的学科背景而存在的。所以，在对生物学科核心素养进行界定之前，我们需要明白学科核心素养的概念。学科核心素养是指突显学科本质，具有本学科独特育人价值的、重要的素养。学科核心素养是学生在某一学科中习得的知识、技能及其形成的素质与修养，具体包含学科基础、学科能力、学科思维方法、学科思维品质等，各个学科的核心素养是学生发展核心素养的重要组成部分，是学生所形成的既具学科特质又包含跨学科的必备品格和关键能力。

生物学核心素养是指个体在本课程的学习过程中逐步形成的正

确价值观念、必备品格和关键能力。当个体在未来的生活、工作或学习中遇到某些复杂、不确定的难题时，自身具备的生物学核心素养能够发挥作用并帮助其解决问题。高中生物学核心素养包括生命观念、科学思维、科学探究和社会责任。《普通高中生物学课程标准（2017年版）》中对生物学核心素养的内涵进行了解释，对生物学核心素养的理解有利于建构以高中生物核心素养培育为基础的教学设计。

生命观念是指对观察到的生命现象及相互关系或特性进行解释后的抽象，是人们经过实证后的观点，是能够理解或解释生物学相关事件和现象的意识、观念和思想方法。学生应该在较好地理解生物学概念的基础上形成生命观念，如结构与功能观、进化与适应观、稳态与平衡观、物质和能量观等；能够用生命观念认识生物的多样性、统一性、独特性和复杂性，形成科学的自然观和世界观，并以此指导探究生命活动规律，解决实际问题。生命观念的形成有利于高中生在学习了生物学之后，拓宽自己的世界观视野，养成尊重、爱护生命的科学态度。高中生生命观念的形成，是受教育者在基于学科培养角度发展学生素养的重要组成部分。生命观念中的众多规律，如结构与功能观、进化与适应观等在实际生活中都有所体现，解决实际复杂情境的问题的应用则是学生在问题解决过程中所产生的概念和规律上的迁移，是指学生可以将学科知识真正用于实际生活中来解决问题。

科学思维是指尊重事实和证据，崇尚严谨和务实的求知态度，运用科学的思维和方法认识事物、解决实际问题的思维习惯和能力。学生应能在学习知识的过程中逐步发展科学思维，如能够基于生物学事实和证据用归纳与概括、演绎与推理、模型与建模、批判性思维、创造性思维等方法，探讨、阐释生命现象及生命规律，审视或论证生物学社会议题。科学的思维观念是我们所倡导的对待事物的良好积极的态度，是一种实事求是的求实精神。教育是为学生在未来生活所做的准备，因此科学思维也是学生未来生活中思考问题的思维工具。现实世界往往有许多未知的事物等待我们去探索，对生活中的事物的求知和探寻的能力是生存所必不可少的能力。科学思维的培养有助于学生在以后的问题解决中形成科学理性的、解决问题的方式和思维方法，针对社会性的科学议题保持科学严谨的思维态度，不盲目跟风、质疑或盲信，以科学的思维去求证和解决问题。

科学探究是指能够发现现实世界中的生物学问题，针对特定的生物学现象，进行观察、提问、实验设计、方案实施及结果的交流与讨论。学生应在探究过程中逐步增强对自然现象的好奇心和求知欲，掌握科学探究的基本思路和方法，提高实践能力；在探究过程中，乐于并善于团队合作，勇于创新。探究精神是现今我国学生所缺少和追求的一种精神，我们期望所培养出的人才是具有科学探究精神的未来接班人。科学和生产力的发展，以及人类的进步都是在人类的求知欲和好奇心的驱动下实现的，只有保持这种探究的精神，才能在国家和个人的未来发展上都产生良性的影响。学生在生物的学习过程中所掌握的科学探究能力是日后更深的科学学习的基础，其培养有利于学生在生物学现象上探究想法的形成和自主探寻方法的掌握。

社会责任是指基于对生物学的认识，参与到人与社会事物的讨论，做出理性解释和判断，解决生产生活问题的担当和能力。学生应能够以造福人类的态度和价值观，积极运用生物学知识和方法，结合本地资源开展科学实验，尝试解决现实生活问题；树立和践行"绿水青山就是金山银山"的理念，形成生态意识，参与环境保护实践；主动向他人宣传关爱生命的观念和知识，崇尚健康文明的生活方式，成为健康中国的促进者和实践者。学生也是社会人的一员，对于社会，对于生物、生命的世界观和价值观的形成，以及正确态度的养成有着不可推卸的责任。现实生活中往往伴随着许多生物的现象和问题，学生有义务养成科学生物观念传递的责任，纠正伪科学，普及科学的生物学知识。生物学科的社会责任是生活在地球上的人类，对待生命所需具备的担当和责任，也是绿色文明生活方式和生态意识形成的实践者所应具备的品格。

由此可见，生物学学科核心素养就是学生在生物学课程学习过程中逐渐发展起来的，解决真实情景中的实际问题时所表现出来的价值观念、必备品格与关键能力，是学生知识、能力、情感态度与价值观的综合体现。生物学科核心素养的培养应该贯穿于教材编写、课堂教学及考试评价中。

基于高中生物学科核心素养的教学设计是本章的研究主题，其目的在于培育高中生在生物学科学习后所应形成的学科核心素养，促进学生的全面发展。目前，并没有独特的教学设计形式是专门针对学科核心素养的教学设计，但可以清楚地是，教学设计与核心素养的要求相结合，是以学科核心素养的培育为目标的。核心素养培育上要求在教学的目标上强调知识目标与能力目标的一致性，如在教授进化理论的学习时，教学设计既要求学生掌握进化理论知识的主要内容，又要考虑在进化的适应性的生命现象结果产生的分析思维能力，以及在脱离了书本知识时，学生有对现实生活中的生命现象给予解释和分析的能力。基于学科核心素养的教学设计是从知识目标、能力目标上升到素养成为目标的升华，是为了学生在生物学课程学习中能够培养出形成解决真实情境中实际问题所应该具备的价值观念、必备品格和关键能力，是在课程学习中实现知识、能力、情感态度与价值观的综合素养。

二、教学设计存在的主要问题

教学目标是教学活动的出发点和落脚点，学校教育是有目的的教育活动，教师对于正确教学目标的确定是抓住了教学灵魂，掌握了支配教学过程的钥匙。教学目标的制定表明了课堂教学中教与学的走向，教学目标应该是整个教学活动中都必须朝向的最终目的地。因此，教师在授课前进行教学设计的过程中，准确把握教学目标是教学活动顺利进行的起点，不准确或错误的教学目标对整个教学活动的顺利进行都将产生巨大影响。笔者分析了众多学者的研究后，总结出当前教学设计的主要问题有以下两点。

第一，教学目标设计的功能上认识不足，目标意识淡薄。一方面，教师们在课堂授课之前没有进行教学目标设计的想法，或对于所设计出的目标采取漠视的态度；另一方面，教师对教学目标熟知，并且在自己的教学设计中设有教学目标，但并不认同它是需要"设计"的，这些教师认为教学目标不需要花大量时间去设计，认为教学目标知识为了应付学校的检查而写。

第二，在教学目标设计的准确性和科学性上的把握还有待提升。一方面，教学目标需要根据不同的教学内容、受教育者、教学媒体和教学情境等随之变化，但在教学设计的过程中一些教师经常直接从课标进行表述、教师用书或者其他文献中直接拿来拷贝和借用，那些都是他人的教学目标，不一定适合自己的教学情况，教师们没有针对自己学生的实际情况和自己学生的认知发展水平进行教学目标的设计。另一方面，教师在设计教学目标时对课程标准等资料中提到的认知动词缺乏准确认识，只有浅薄的主观上的理解，了解一些简单的行为动词，在实际应用上没有按照认知结构来设计教学目标的层次、突出重难点。

（一）教学策略设计问题

第一，教学策略是机械化的模式呈现，教师在着手进行教学策略设计的时候，教学内容和教学环节过于机械化，没有把实际情境中的教学需要考虑进去，而是直接将理论上的教学策略套用在教学设计过程中。

第二，教学策略的选择不够恰当，鉴于教师在了解学生的过程中并没有全面充分地分析，因此造成教学策略选取上存在不适宜的现象。

第三，教学策略考虑到要重视教师的教，但却没有足够重视学生的学。教学方法包含教师的教的方法和学生的学的方法，但现实情况是有很大一部分一线教师在进行教学设计时，往往只考虑自己教学时想要达到的效果来选用教学策略，在学生的知识获取方式上并没有多加考虑。

第四，教学策略的设计中对于时间的把控缺乏灵活性，在实际的课堂真实情境中，由于各种偶然情况的发生，随之产生许多即时的生成性教学问题和情况，这就在进行教学策略的制定上提出要求，上课前精心的流程预设及课堂上预留的可变流程都是不可或缺的。

第五，在课堂教学中的一种重要策略，即提问策略上仍然有缺陷。其一，问题设计显得杂乱无章；其二，问题设置缺少启发性，主要体现在问题设置过于简单，大多是封闭性问题，停留在表面的提问，学生不需要经过思维的探索便可直接得到答案。

（二）教学评价设计问题

在我国现有的对于教学评价的概念界定可以简要概括为以下三类：第一类认为教学评价是教学中对学生知识、技能、情感态度与价值观方面的有关"学"的评价；而第二类是将其看作为针对教师教学工作，特别是与课堂教学效果中有关"教"的评价；最后一类认为教学评价既是对学生"学"的评价，又包含对教师"教"的评价。这里想要讨论的是第三类情况，也就是认为教学评价既少不了学生的"学"，也少不了教师的"教"，也就是从两个角度看待教学评价。

笔者发现，关于教学评价还有以下三个问题有待改进。

第一，教师对于教学评价的重视程度上还不够。在实际的课堂教学实践中，教师对教学评价相关的理论认识还不充分，对教学评价的方式基本上采取的是从定量的角度进行评价。

第二，教学评价形式显得过于单一。一方面，教师在课堂上针对不同的学生或不同的教学内容，在课堂上仅仅采取口头上的"正确、很好"等言语进行评价；另一方面，在对教师的评价上，多采取量化的评价，对于很多情感态度或价值观的体现上，和对所设计的教学目标的达成都缺乏评断。

第三，教学评价的内容停留在表面。教师在实际教学情境下存在普遍忽视教学评价设计的情况，教学评价仅仅从学生的考试成绩或作业完成情况上获得反馈，这就导致教师忽略了教学本应该对学生能力、情感态度与价值观上产生的影响的检测。

教师对于教学评价标准往往关注的是从智力测试的角度来考虑，所以评价也就停留在了对学生智力上的检测，从而忽视了学生其他品格方面的实现情况，不符合现代教学理念对人才培养规格的要求。

第二节　核心素养下高中生物教学设计策略

一、教材分析要挖掘对学生生物核心素养的培养

基于核心素养教材分析要改变传统教材分析方法，重点落在分析如何将教学内容与本节需要建构的核心素养要求相结合、如何把核心素养融入具体的教学内容中。

（一）挖掘教材内容中所包含的生命观念

学生生命观念的形成是以核心概念的理解为基础的，所以概念教学是帮助学生构建生命观念的基本途径之一。因此，对教材内容的分析，可以从核心概念教学的分析入手。例如，在"细胞器——系统内的分工合作"这一节中就隐含了结构和功能的观念，首先，要让学生理解细胞器的概念，教材以类比的方式引入细胞器的概念，把细胞与工厂、细胞器与车间进行类比，帮助学生理解细胞器这一核心概念；其次，教师引导学生复习以前的知识，如绿色植物细胞中含有叶绿体，所以能进行光合作用，而人的细胞是动物细胞，动物细胞中不含叶绿体，所以人的细胞不能进行光合作用，教师在教学中渗透了结构决定功能这一观念；最后，学生将这一观念内化，并且可以用这一观念解释其他的生命现象，如教材中的问题："飞翔的鸟类胸肌细胞中的线粒体数量比不飞翔的鸟类多；运动员肌细胞中的线粒体数比缺乏锻炼的人多；在体外培养细胞时，新生细胞比衰老的细胞线粒体多。这是为什么呢？"学生可以很好地利用结构与功能观来解释这一现象。

（二）挖掘教材内容中所包含的科学思维

逻辑性思维、批判性思维、辩证思维和创造性思维等都属于科学思维。科学思维是一种有明确的思维方向，有充分的思维依据，能对事物或问题进行观察、比较、分析、综合、抽象与概括的一种思维。例如，在"降低化学反应活化能的酶"这一节中，教材中设置了"比较过氧化氢在不同条件下的分解"这一实验，教师可以引导学生自己设计探究实验方案，实验结束后分析比较实验数据，总结归纳得出实验结论。除此之外，本节最后还设置了"资料分析"栏目，是科学家们对酶本质的探索，通过分析科学家提出的问题，设计探究实验，并得出结论的过程来锻炼学生的逻辑思维。再如，在"细胞器——系统内的分工合作"这一节中，教材上首先通过类比方法，引入细胞器的概念，把细胞与工厂、细胞器与车间进行类比，让学生由已知的东西推导出其他未知的东西，锻炼学生的科学思维。

（三）挖掘教材中的科学探究任务

不是所有的科学探究任务都直接以探究活动的形式出现在教材中，有一部分探究活动是隐藏在书本中的，需要教师翻阅教材，认真思考、挖掘和发现。例如，在"光合作用"这一节中，组织引导学生去探究光合作用的产物是什么。需要注意的是，在挖掘教材中的探究实验时，一定要考虑探究实验的难度。

（四）挖掘教材对学生社会责任的培养

教材中对学生社会责任的培养主要可以从三个方面入手：一是生物科学史，教师可依据授课内容从教材中挖掘出一些科学家的故事，特别是国内科学家的故事，如"杂交水稻之父"袁隆平、"克隆牛之父"杨相中、获得"诺贝尔生理学奖"的女科学家屠呦呦等，培养学生刻苦钻研、报效祖国、服务社会和人民的责任；二是环境危机，环境的日益恶化已成为当今世界威胁人类生存最大的敌人之一，地球是最大的生态系统，因为环境恶化，地球已经受到严重伤害，如水污染、空气污染、土地沙漠化等，在"生态系统"这一节教材中可以挖掘很多这方面的素材，培养学生的环保意识，让学生产生保护地球、保护家园的社会责任感；三是生物疾病危机，生物教材中会涉及一些常见的细菌病毒，教师可引导学生思考生活中的一些疾病产生的原因，以及怎样预防和治疗，从而增强学生的防范意识，用生物学的理论去揭穿伪科学等。

二、教学目标要直指学生的生物学核心素养

21世纪的培养目标应指向21世纪的"核心素养"，即自主学习能力、创新能力、合作交流等关键能力的培养，教学目标应从过去的重视培养"考试技能"转移到重视培养"核心素养"，这样才能适应21世纪的社会生活。在生物课堂教学中，教学目标应注重于培养学生"树立生命观念、培养科学思维、勇于科学探究和明确社会责任"的生物学核心素养，使学生在理解和掌握高中生物核心知识的同时，又能够养成正确的情感、态度与价值观。

三、教学活动要促进学生核心素养的发展

有效的教学活动设计是上好一节课的关键。一个好的教学活动的设计不仅可以引起学生的学习兴趣，而且学生在参与活动的过程中其发现问题的能力、探究能力、通过思考解决问题的能力都会得到锻炼与提高，教师设计的教学活动要紧扣发展学生核心素养进行。

首先，教学活动的设计要对应教学目标，这是教学活动设计的前提。每节课都要有明确的教学目标，而教学目标是通过相应的

教学活动来达成的，脱离教学目标的教学活动设计是无意义的。其次，教学活动的设计要生活化。例如，在导入环节，教师可以利用具体的情境引入，让学生学会在具体情境中，利用自身的生活经验去解决实际问题，并掌握解决类似问题的方法和手段。再次，教学活动的设计要吸引学生合作探究。高中生物的教学旨在培养学生的生物学核心素养，教师设计教学活动吸引学生合作探究，在此过程中，学生不仅掌握了知识与技能，还发展了科学思维，调动了学习的积极性，培养了社会责任感等。最后，设计合理的教学环节。基于核心素养的高中生物教学，一般环节主要包括情境导入、自主先学、提出问题、确定问题、合作探究、成果展示、总结归纳七个环节。根据课程性质的不同，教学环节可做出适当修改。而且，在一些教学环节中教师都应适当引导。基于核心素养的课堂教学对学生核心素养水平的提高效果明显，同时在教学过程中对教师的素养和能力要求极高。

四、归纳总结检验核心素养教学目标的达成

课堂归纳总结是教学的一个关键环节，传统课堂上，教师会习惯性地对这节课所学的知识进行梳理总结；但基于核心素养的课堂总结，不仅是教师对本节课学习的内容进行总结，还是教师与学生共同对课堂用到的知识与技能、过程与方法、情感态度与价值观进行的总结，是教师对学生进行品德教育及培养学生社会责任最重要的一个环节。

要注意以下三点：一是帮助学生进行归纳总结。教师要科学设计教学活动，合理规划教学环节，让学生的思维进入一个环环相扣的状态，这样学生会乐于总结归纳学习的内容。二是总结要围绕教学目标进行。总结并不是漫无目的的，首先总结要体现知识与技能

的要求，可以引导学生自己总结归纳，教师进行适当点评以了解学生知识与技能水平；其次，总结要体现过程与方法目标的实现，生物教学过程中常常会出现探究实验，教师要体现对实验设计方法及科学思维等的总结；最后，总结要注重学生的情感态度与价值观。三是总结要有意引出新问题。教师要引导学生提出承上启下的新问题，激发学生的求知欲望，为下节课做铺垫。

案例一：

以生命观念培育为主的教学设计案例——"遗传与进化"

生命观念是学生在高中阶段生物学科上的核心素养的重要有机组成。通过生物课程的学习，有助于学生认识生命的各种现象，了解生命之间的作用机制。新课标在生命观念上提出了培养要求，这使得生物学科课程在教学上要以帮助学生认识自然、了解生命的发展和延续为主。要培养生命观念，主要需要教师借助教学活动或课后活动等，将生物所特有的现象和规律展现出来。教师可以通过创设情境、借助教材、引导思考讨论、课后学习任务等方式，同时还可以通过现代教育技术，如Flash动画、视频短片、生物纪录片等让学生接触到更加鲜活生动的自然生命。学生通过各式途径不断认识生命现象，拓宽自己有关生命活动规律的视野，进而逐步认同和发展自身的生命观念。

一、课标分析

本节课的主要内容是"遗传与进化"。从内容要求上来看，需要学生掌握现存于地球生态圈中丰富的物种来自共同的祖先，通过古生物化石、比较解剖学及胚胎学上的事实证据，说明地球上我们所知的现存生物是源于共同的祖先。在学业要求上，是在学习了本节知识后，学生需要能够通过分析不同类型的证据来解释地球上现有的物种中的丰富性和多样性都是由共同的祖先进化而来的。

二、学情分析

学生在课外可能对该部分内容已经有所了解，了解达尔文提出的进化论，知道现代生物是由原始祖先进化而来的。所以，学生已经具备了一定的比较分析能力，能够通过观察图片对生物现象进行归纳总结，了解生物的基本结构和功能，是对本节课进行学习的基础。教师要在教学中认真组织、积极引导学生，让学生正确理解生物进化规律与进化历程，潜移默化地影响学生生物学科学素养的形成。

三、教学目标

1.通过对生物进化的证据展开分析讨论，演绎具体生物的演变

2.通过对同源器官、痕迹器官、化石、适应辐射等概念的理解，初步认识生物进化的大体历程

3.能够分析生物进化发展的大致历程，提出生物进化的一般规律

4.能够从生物进化与地球演变的相互关系，讲述生命的价值

四、学科核心素养落实策略

1.创设问题情境，锻炼学生解决问题的能力

2.进行小组活动，组织学生合作学习

3.知识、问题与情境融合，培养生命观念

4.课外活动布置，培养学生自主学习能力

五、教学准备

制作多媒体课件，撰写教案。

六、教学过程

师：在开始新课之前，首先大家来探讨一个问题，关于物种的起源，你是认同进化论还是神创论？如果同意进化论，那么请思考生物进化的原因，如何能够证明生物是在进化的呢？

生1：进化论，化石的存在可以证明生物的进化。

【设计意图】提出问题，锻炼学生科学思维能力。

师：我们可以通过对地球上现存的生物进行比较研究，以及对古生物化石的观察分析，找寻生物进化的证据，从而了解生物进化的规律。

首先，我们先从胚胎的角度来比较一下，不同生物之间存在哪些相同之处。（展示七种脊椎动物胚胎发育）请大家观察一下，它们的发育过程中是否存在相同点？

在现存的脊椎动物中，只有水生鱼类终身保留着鳃裂，陆生种类的鳃裂都在胚胎期退化消失。

这些共同的特点说明了什么问题？比较了脊椎动物的胚胎后，我们再看看这一组图片（PPT），这组图片展示了什么？如大家所见，它们是部分脊椎动物的前肢骨骼模式图。龟、人、马、鸟、蝙蝠、海豹都是脊椎动物，从外形和功能上看，它们是否相同？这些脊椎动物的前肢在外形和功能上差异很大，那如果我们比较它们的骨骼组成和排列方式，你能从中发现哪些相似之处？

生2：在发育初期都有鳃裂、尾；到了发育晚期，除鱼以外，其他动物和人的鳃裂都消失了，人的尾也消失了。说明这些动物拥有共同的祖先。外形上差异很大，功能上也各有不同，用于爬行、奔跑、飞行、划水……上肢骨由上至下都是由肱骨、腕骨、掌骨及指骨等组成的。

【设计意图】培养学生的观察分析能力，以及锻炼学生口头语言组织能力。

师：它们相似的骨骼排列方式，说明了什么？它们形态和功能上的差别又是怎样形成的？

PPT展示同源器官的概念。比较了动物的器官结构后，我们来看看在植物界里面是否有同样的现象存在。虽然它们的形态结构和生理功能不同，但是它们结构上都存在节和芽等茎的特征，因此它们都属于植物茎的同源器官。同源器官证明了它们是由共同祖先进化而来的。黄鳝和蟒蛇从外形上看很相似，但是鳝鱼是鱼类，蛇则是爬行类，这是什么原因呢？蟒蛇外形上没有四肢，但是它的体内还保留着后肢的残余，说明蟒蛇在进化上源于有四肢的动物。作为进化的线索，经分析发现蟒蛇和其他爬行类动物拥有共同的祖先，分类时将其归类于爬行类。像蟒蛇的残余后肢骨这样，生物体内某些功能已基本消失，但仍然存在的器官称之为痕迹器官。从痕迹器官证据来看，可以追踪到拥有这些器官的一些生物和别的生物之间可能产生的亲缘关系，甚至是进化线索。

师：你还能想到一些其他的痕迹器官吗？比如，人体中，阑尾也是痕迹器官，它是人类在原始时期用来消化粗纤维（如树根之类）食物的器官，说明人类的盲肠是进化而来的。痕迹器官和同源器官都是从解剖学的角度发现的，因此称之为比较解剖学上的证据。你能否根据细胞色素C所含有的氨基酸差异数来判断它们之间的亲缘关系的远近？为什么氨基酸的差异可以判断亲缘关系呢？组成生物蛋白质氨基酸差异数的大小和亲缘关系之间存在正相关。

细胞色素C让我们从生物化学的角度出发，证明了整合生物间存在一定的血缘关系，它们可能存在共同的祖先。以上都是证明生物进化的间接证据，最直接的证据是古生物化石。古生物的化石可以告诉我们很多信息，那么生物化石是如何形成的呢？

生3：细胞色素C差异越小，生物间的亲缘关系越近。

师：根据地层模式图，分析古生物化石种类信息，思考化石在地层中的分布是否存在规律，表现出怎样的规律？

生4：地层越高，化石中的生物越高等，结构也更复杂，越低则反之。

师：在我们发现的所有化石中，马的进化化石是我们所发现的最完整的，马是如何进化的？马的牙齿、前肢、身高发生了怎样的改变？马的这些形态上发生的改变是由什么引起的？马的进化历程说明了什么？

生5：马的体型逐渐高大，前肢由四趾变成三趾，最后变成单趾，发展为硬蹄，白齿低冠变高冠。马的四肢逐渐发达——逃避敌害，牙齿的改变——马的食性由吃嫩草改为吃干草。现代马是由始祖马经过漫长的地质年代逐渐进化而来的。化石为生物的进化提供了最可靠的证据。

师：以上的这些证据都在证明生物是在进化发展中演变而来的。目前，生存在地球上的生物之间都有或远或近的亲缘关系，科学家通过对所发现动植物的化石进行分析，得出生物进化的大致历程。

【设计意图】锻炼学生的逻辑思维能力。

师：生物化至今经历了哪些关键历程？

生6：38亿年前，原始生命；35亿年前，单细胞原核生物（蓝藻）；20亿年前，单细胞真核生物（藻类）；5.3亿年前，多细胞真核生物（寒武纪生物大爆发，海洋生物门类超过现代海洋生物群）；4亿年前，陆生动植物（造山运动使地面上升，部分水环境消失）。

师：那么如果将动植物分开来看，陆生脊椎动物和陆生植物它们的进化历程是什么?

生7:陆生脊椎动物的进化历程是,原始动物—鱼类—两栖类—爬行类—哺乳类和鸟类。

陆生植物的进化历程是,藻类植物—苔藓植物—蕨类植物—裸子植物—被子植物。

师:从生物的进化历程看,生物的进化是否存在一定的规律性?

生8:从细胞数量上来看,生物细胞数目逐渐增加,由单至多。在生物的进化过程中,细胞是从原核生物到真核生物的进化,所以结构和功能上是由简单向复杂发展,使得生物界向着复杂化的方向发展。生活环境由水生到陆生。在生物的进化过程中,生物大爆发,丰富了物种的种类,使得生物界向着多样化方向发展。

【设计意图】感悟生命价值,培育学生尊重和爱护生命的责任意识,锻炼学生归纳总结能力。

师:观察同为哺乳动物的蝙蝠、鹿、松鼠、鲸,它们前肢的形态、功能及它们的生活生理、习性是否存在差异?如果存在差异,是怎样造成的?

生9:虽然它们都是哺乳动物,但因为生活的环境不同,自然选择使其形态结构和生理功能相适应,表现出各自的不同。蝙蝠适用于飞行;鹿前肢主适于奔跑;松鼠的前肢用于抓紧松子等;鲸的前鳍是用于在水中游动时保持平衡。

【设计意图】锻炼学生比较分析能力。

师:从动物的器官结构上来看生物的进化,脊椎动物循环系统的进化经历了怎样的变化?

生10:进化到目前为止最高等的心脏哺乳动物和鸟类的四腔心脏,上房下室、左右分开、上下分隔,体肺双循环,左右两边动静脉血（含氧量高的为动脉血，含氧量低的为静脉血)完全分开，血液循环效率高；两栖类及爬行类，心房分开而心室未完全分开，造成心室中动静脉血混合，循环效率低于哺乳动物和鸟类；鱼类两腔心房（一心房一心室），动脉氧血和缺氧的静脉血混合，循环效率更低。

脊椎动物循环系统的进化，心脏结构越来越复杂，其意义主要在于使得脊椎动物的代谢效率不断提高，从而使生活能力不断加强，完成更为复杂的行为活动。例如，人类的一生除了生存之外，还可以进行艺术创作、发明创造等多种多样的行为活动，而青蛙的一生主要是用以生存、繁衍。

在植物界最高等的是种子植物，其中被子植物与裸子植物相比，出现了外包果皮的种子，种皮克服了不良环境的影响，利于新个体的增加和散布，使得被子植物成为现代植物界的优势类群。这也是一种生物进化复杂化的表现。

师：所以，总的来说，生物的进化是朝着多样化、复杂化的方向发展的。那么大家想一下，这种多样化和复杂化的进化可逆吗？

试想陆生哺乳动物是由鱼类进化而来的，当哺乳动物（鲸和海豚）回到海里生活以后，它们的外形由于受水的影响形成了鱼的外形，可他们终究不可能再成为鱼类。从身体的结构和功能来看，仍然是哺乳动物。

因此，生物是在前进发展的，以总体来看是不可逆的。

师：经过本节课的学习，大家了解了生物是如何进化的了吗？

生11：由水生到陆生，由简单到复杂，由低等到高等，向着多样化和复杂化不可逆的进化。

师：地球上的生物都是经过漫长的进化而来的，那么究竟是什么原因使得生物进化发展呢？

请同学们自由分组查阅相关资料，了解生物进化相关理论，下节课我们将通过小组展示的方式探讨这个问题。

【设计意图】课后练习，培养学生的合作学习能力。

本节课知识性的内容并不是很多，相对而言，更侧重于生命观念的教育，通过图片、视频、自制课件，加上教师的语言资料创设真实的问题情境，将所要学习的概念知识和教师所提出的问题相结合。通过问题解决所需要的思维能力，将核心素养与所创设的情境相融合，最终通过问题的解决提升学生解决问题的能力，锻炼学生的科学思维，并使得学生从不同方位、角度认识了生命的进化和发展，以感悟生命的价值，从而达到生命观念培育的目的。

案例二：

以科学思维培育为主的教学设计案例
——"生物体内营养物质的转变"

高中学生随着自身学习和成长，在学习知识时已经预先获得了发展科学思维的基础。科学思维表现在学生对待知识上的各种处理信息的能力，程序上表现为科学探究的一般步骤。生物作为一门实践性和探究型较强的学科，学生们探究能力的发展也是学科教学的任务之一。科学思维包括诸多能力的发展和培育，通过学科的学习，高中生在此过程中习得和运用科学的思维能力，又反过来影响在生物学的学习过程中，能够将复杂的知识、概念等有效地整合并得出一定的规律，从而帮助学生学习它们。

一、课标分析

本节课的主要内容属于课标中必修一《分子与细胞》的组成部

分，是细胞内通过化学反应转换能量的节选。从内容要求上来看，需要学生理解生物体内能量的转化机制。在学业水平要求上，从物质变换和能量变化的过程中探寻细胞进行各项生命活动所需要的能量变化来自物体之间的转化，两者是共同发生的。

二、教材分析

旨在让学生理解以下两方面的问题：一是厘清本节知识的内部联系，尤其是三大营养物质之间的转变，这也是本节的重点和难点；二是温故而知新，由初中和高中前几章相关知识入手做好铺垫，从而习得本节的新知。

"糖类代谢"是理解三大营养物质代谢途径的具体过程和厘清代谢规律的基础。若能掌握好，对于通过比较归纳异同点的方式，进行其他营养物质的代谢途径的学习，是非常有利的。所以，可以将"糖类代谢"作为后续学习的引导。在糖类代谢中，又以三羧酸循环作为三大营养物质共同的氧化代谢途径，因此是各物质互相转变的"枢纽"。作为整个营养物质代谢的"主线"，要特别强调，可以以此为线索对知识进行串联。同时，在教学过程中也应自然而然地渗透物质可转变、膳食须合理的理念，而不是留到本节结尾刻意地去陈述，有利于学生对本节的整体把握。

此外，本节内容与之前所学知识紧密关联，主要包括糖类的分类及其功能、脂肪的结构和功能、氨基酸的结构通式、蛋白质的多样性及细胞呼吸过程等，比较繁杂。因此，课堂教学需在对知识的复习中逐步推进，同时还应不断与实际生活相联系。通过创设问题情境，如肥胖、烤鸭等，引发学生进行比较、判断、推理和分析，从生命观念、理性思维、科学探究及社会责任等不同的角度践行核心素养的能力。而且，本章节知识的学习是为学习血糖调节及等级考中的血脂调节等内容做铺垫，可谓承前启后，关键之至。

三、学情分析

由于本节课较多涉及初中生命科学和前一阶段营养物质、细胞呼吸的内容，非常考验学生以往的知识水平和认知能力。鉴于本节的内容有许许多多繁杂的知识，因此清晰掌握相关知识的学生并不多。因此，在有限的时间内，需要教师尽可能多地提供信息来引导学生进行回忆和整理，从而顺利过渡到"相互转变"这一重点内容上。

此外，班级中会有一小部分同学具备较好的知识基础、理解水平和一定的思维能力，这有利于推动教学设计的实施。但仍然需要全面关注学生在知识建构、逻辑思维等方面的能力培养，从而提高自主学习和思考探索的能力。

四、教学目标

1.通过对生活问题的探讨，说出在简单情景中物质变化的规律

2.通过对营养物质转换关系的探讨，以及能量守恒原理，能够初步推导出营养物质转化通路

3.能够针对营养物质转变问题情境，利用营养物质转化原理、逻辑推理论证自己的观点

4.能够在面对生活中的新情境问题时，熟练应用归纳、概括等方法展开探讨和论证

五、学科核心素养落实策略

1.以生活问题入手创设情境，激发学生的思维兴趣

2.类比学习，锻炼学生分析、归纳和总结规律的思维能力

3.通过生活中的生理和饮食问题，培养学生的科学思维

六、教学准备

制作多媒体课件，撰写教案。

七、教学过程

师：老师最近有些体重方面的烦恼，不知同学们有什么建议给老师。如果不吃脂类物质，就不会胖了吗？为什么多吃米饭、不吃肉也会发胖呢？这种转变是怎样完成的呢？我们如何知道怎么吃才能既拥有健康又保持苗条的身材呢？其中的奥秘到底是什么，让我们一起探讨学习一下。

学生讨论发言，算BMI（身体质量指数），检测是否肥胖。高糖高油脂要少摄入，如甜品、菜肴、浓油赤酱、油炸食品等要少吃。

师：看来，不同营养物质不仅可供生命活动所用，还能够互相转变。

【设计意图】从生活问题激发学习兴趣和动机。

师：吃是为了获得能量，得以生存，动物体内存在哪些能源物质？哪些属于糖类物质？

生1：主要能源物质是葡萄糖，储能物质是糖原、脂肪，直接能源物质是ATP（三磷酸腺苷）。肝糖原——储存在肝细胞中，与维持血糖（血液中的葡萄糖）浓度的稳定有关。

师：能简单陈述它们的作用吗？

生2：肌糖原——储存在肌细胞中，为肌肉运动供能。

师：我们如何从食物中获得葡萄糖，又是如何进入体内的组织细胞进行利用呢？

生3：经过小肠上皮细胞的主动运输，葡萄糖进入血液称之血糖。由于血液循环被运送至各种组织细胞中而加以利用。

师：你能说一说有氧呼吸的产物吗？

生4：在有氧条件下，丙酮酸在线粒体基质中经由一系列酶催化作用下，氧化脱去一个二氧化碳分子形成二碳化合物，随后进入三羧酸循环。

师：若摄取有余，我们的细胞又会如何处理多余的葡萄糖呢？白白流失掉吗？

生5：可转变为糖原或脂肪肝糖原、肌糖原的都是储能物质。剧烈运动时肌糖原分解成乳酸，经过血液循环运送至肝脏，在肝脏中转化为葡萄糖或变成肝糖原储存起来。

师：北京烤鸭特别有名，皮比肉还好吃，就因为它够肥，在饲养时使用的是以玉米、小麦等为主的饲料，并常采用"填鸭式"饲喂法，一团团塞进食道里，鸭子几乎不会自己进食，有一种说法是"只用生长45天的鸭子"。在法国传统美食鹅肝酱的制作过程中，为了得到更加肥美的鹅肝，也常常对鹅采用以上"填鸭式"喂养方法。然而，这种不人道的饲养方法遭到了动物保护协会的抵制，经过长期努力，填鸭法终于受到有关部门的禁止。为何能实现转变关系？

生6：营养供过于求就会胖，糖类便转变为脂肪。

师：脂肪的运输途径有哪些？

生7：脂肪存在两种运输途径，一种是脂肪—淋巴系统—血液循环—脂肪组织；另一种是血液循环—肝脏脂肪储存在皮下、腹腔大网膜、肠系膜等处。

【设计意图】锻炼比较归纳能力。

师：营养物质的代谢途径有何规律？营养物质之间实现互相转变的"枢纽"是什么？不摄入脂类物质就不会胖吗？摄入脂肪就不能控制体重了吗？暴饮暴食或节食减肥会增加什么器官的负担？

生8：控制好营养物质摄入和消耗的比例，营养全面均衡。适量补充还能满足一些脂肪酸和脂溶性维生素的需求，有利于身体健康。暴饮暴食或节食减肥会增加肝脏的负担。

【设计意图】培养学生实际问题解决能力。

作业：

1.多吃肉会胖吗？

2.空腹喝牛奶会减弱牛奶的营养价值，为什么？

【设计意图】复习巩固，训练学生的自学能力。

本节课知识性的内容主要是基于已学知识的知识串联，形成知识间的关联。相对而言，更侧重于科学思维的培育，因此创设了以生活中的问题为情境的教学，将学生已经学习过的知识和现实问题结合起来，从而引导学生采取科学的思维方式来解决现实情境中的简单问题。通过教师提问和现实生活中的问题，结合图片、自制课件加上教师的语言渲染，在解决问题的过程中运用归纳、分析、概括等思维，认识营养物质之间的转化关系，最终达到学生科学思维培育的目的。

为了落实国家在教育上所提出的立德树人的根本任务，大力推进我国普通高中学段的课程改革，不断提升高中阶段的教育质量，于2018年1月5日，我国教育部正式召开了有关于印发《普通高中课程方案和语文等学科课程标准（2017年版）》的媒体发布会，新颁布的课程标准中正式要求在高中阶段的学科教学是以培养学生的学科核心素养为目标的。新的课程标准把学科核心素养的培育视为教学最终目标的这一举措，是将人才培养规格聚焦在了学生全面发展所需的素养上。学科核心素养要求对学生的知识学习传授与能力的培养相结合，这就使得教师在教学前进行教学设计时，把握知识上的目标与能力上的统一，将教学设计与核心素养的要求紧密联系在一起。因此，从教学设计的各环节出发，是建构学科核心素养的重要途径。

笔者根据所研究的对现存的教学设计案例的分析中所发现的一

些问题，基于学科核心素养的建构与发展，从学情分析、教学目标的制定、教学方法的选择、教学媒体的运用，以及教学评价五个方面分别提出了以下改进意见。

（一）因学定教，对学情进行多角度的分析

对于生物学科而言，核心素养的培育是从知识掌握到能力的培养的进阶，在注重传统模式下，学生对知识内容掌握的同时，更加注重学生对所学知识在现实的复杂情境中的应用。由此出发，在进行基于生物学科核心素养的培育的教学设计时，我们需要把学生作为教学活动的第一主体，学情分析必然需要从学生学习的各方面进行分析。学情分析作为课堂教学设计的起始环节，在整个教学设计中起到了知己知彼的重要作用，后续的教学设计需要在教师充分对自己学生的学情进行分析下完成。以生物的四大核心素养的培育为目的的教学设计的学情分析过程，可以从以下三个方面进行。

第一，分析学生在学习之前已经具备的知识水平，以及在丰富多彩的社会生活中所积累下来的各种经验。教学活动的主体是学生，学生学习是建立在自身已有知识的基础上的升华或扩展。知识本身存在联系性，特别是生物学科，书本知识和生活经验存在较大的联系。学生所学习的各种知识是为了更好地认识世界，为了更好地在实际的生活中去解决相应的复杂问题。对于学生来说，学生所学的知识正是现实中得来的经验所凝练出的理论，他们所生活的现实世界是不可或缺的基点。因此，对于不同的教学内容来说，教师在进行教学设计之前，必须要将学生于书本中已经获得的理论知识和在生活中积累的各种经验考虑进去。学生已学习的知识是教师比较好掌握的，根据不同的教材编排或教师的后续改序，教师可以通过学生的学业任务完成情况或测试等途径获取。对于学生在实际生活中获取的经验知识，是从生活中积累传递或直接获取的，都是学生在课堂学习进一步相关知识的基础。在学生现有的知识水平的基础上，课堂教学设计的任务需要设立在学生学习知识上的"最近发展区"，以此达到更有效的教学和学习的目的。例如，在对植物的向光性的学情分析时，可以考虑到学生已经知道光是植物生长所需的必要条件，并且在生活中已经见到过许多植物向光生长的例子，在此基础上学生更容易接受植物向光弯曲生长的新知识。

　　第二，分析学生在即将学习的知识上可能存在的兴趣点，从而有效地激发他们学习上的内在动机。教师在进行学情分析的过程中，对于学生学习知识除了从知识联系的角度出发之外，还要考虑到怎样在知识和学生本身之间建立起联系。有效地学习需要学生的积极参与，因此需要在学习任务和学习者之间建立起积极的关系，这就涉及学生的学习兴趣和动机了。教师在进行学情分析的过程中，对于如何引导要学的知识和学生之间建立起连接的思考上是非常紧要的，只有这样才能激发出学生们主动的学习动机。学生主动学习是提高学习的最终效果的最有力途径，而这种积极的动机是从学生的学习兴趣和自身的需要生发出来的。在学生对要学的知识产生好奇和需要时，形成了发于内在的动机，促使学生积极地投入教学过程中。所以，教师需要细心对学生的心理需要进行分析，积极引导学生主动学习，并产生内在的学习动机。对于学生而言，不同的个体、不同的时间和空间都可能造成内在动机发生转变。在进行具体的教学设计过程中，是需要依照具体的情况进行差异化的分析的，要最大限度地考虑到学生在获取知识时要寻找兴趣点，挖掘学生现实生活中有可能存在的现实需要，将理论知识和实践相结合。生物学科与实际生活的较大相关性是迎合学生兴趣、激发学习动机的良好素材，如对人类血型系统进行学前分析，由于在实际生活中已经了解了自己或他人的血型，以了解这其中存在的异同及其形成原因作为动力，就足以引起学生主动参与学习的兴趣。

第三，分析学生在学习认知上的风格，以及解决实际情境中存在问题的能力。学生在对于知识的加工方式上，采取不同的方式进行知识的吸收和掌握。学生学习是对知识的加工、处理，以及进一步储存应用的过程，他们对知识的组织和加工上会显示出不同的且相对稳定的倾向，这其实就是认知风格上的差异。有的学生偏向于喜爱有着更多的同学互助和教师交流，可以在更多接触外部的环境条件中进行知识的获取；也有一些学生喜欢在独立的、较少接触外部的环境中思考学习，更倾向于在自身的内部参照的基础上进行知识加工。这些不同也表现在学生在解决实际问题的能力上表现不同，部分同学偏向于快速给出问题的答案；而另一些则更注重深思熟虑，谨慎地得出答案。这些不同的学习表现，促使教师在学前分析时也应将其考虑进去，从而更好地选择不同的教学方式，组织学生进行教学活动，根据差异改进自身的教学方法。例如，对DNA双螺旋结构的学情分析，首先学生在生活中（如科技馆等场所）可能对其双螺旋结构已有所了解，考虑到学生喜欢丰富的实验活动且自己动手可以加深学生对模型的掌握，因此可以让学生动手搭建物理模型。给出相应的实验材料和所需知识基础，让学生自己动手，这样的教学活动方便了学生以探究的方式探索解决问题的过程，从而也符合了学生的认知水平。

（二）根据实际教学内容，设计阶梯式教学目标

基于高中生物学科核心素养培育设计出的教学目标，对教师们而言，在教学设计之前需要对所授学科的核心素养进行全面的学习和领悟，将核心素养的培育体现在自己课堂教学目标的设计中。这也就是需要教师们将核心素养和章节知识结合起来确定教学目标，分析课堂上需要教授的知识性教学内容，找到教学内容和学科核心

素养的契合点，并将其转化为课堂教学目标，指导教学活动的进行。如此制定出的课堂教学所要达到的目标是服务于教学中培育学生的学科核心素养的，实施方法如下：

第一，对于整个教学过程而言，教学目标是它起始的出发点，也是最终归处的落脚点，教学目标与学科核心素养的结合使得教学始终基于核心素养的指导下推进。教师想要通过将核心素养的培育融入教学目标的设计，以达到人才培养的目的，这必然需要教师设计的教学目标是针对具体内容的，且可以实施。高中生物学科核心素养的养成，需要依赖于具体的、可行的、针对核心素养培育的教学目标，脱离教学目标的教学缺乏科学性。有了教学目标，核心素养才能在实际课堂教学中有实现的可能，不仅仅是口头上说的要实现核心素养的培养，而是切实地落到教学中去。

第二，将核心素养作为依据来确立教学目标是必要的，按照课程标准要求及学情把握教学目标的设计。核心素养是课程标准中对现代培养人才的质的要求，各个学科的核心素养是控制教学目标确立、教学策略选择及教学评价等教学设计各环节的关键。高中生物学科核心素养在普通高中生物教学过程中处于纲领性地位，需要在课堂教学中落实生物学科"学"的核心素养，而课堂中各式各样的教学活动的实施又是在教学设计的引导下完成的，这两者的有机结合是必然的。生物学科核心素养是整个高中生物教学中的重点，是教学活动最终所要达到的目标，这种目标可以通过教学目标的制定来体现。所以，在我们想要培育高中生的学科核心素养之时，教学目标依照核心素养的要求就是整个教学设计的重要出发点。也就是说，只有根据核心素养确定教学目标，才能在教学过程中引导教学活动的进行，为后续教学策略的选择教学加以引导，最终达到促进高中生物学科素养培养的目的。

（三）以能力培养为导向，灵活选用教学方法

在根据学科核心素养进行了具体的、可行性的教学目标设计之后，接下来就是对教学活动实施方法的探讨了，这就是对于具体的课堂教学方法的选取。笔者发现，在现有教学方法设计中存在诸多的问题，而基于核心素养的教学策略的选择应该在解决已有教学策略设计问题的基础上，同时结合核心素养的培育。

首先，教师需要以核心素养细化后的教学目标为指导，结合受教育者的实际情况进行教学策略的实施。许多教师对于自己教授的学生了解并不全面，都是根据书本上的教学理论或者教学模式来设计活动，从而难以达到对学生素养能力的培养。然而，教学的多种模式是教师进行自己教学设计的借鉴，在实际的制定方案中，教师依据核心素养的水平要求对理论化的教学策略程序进行有机的增添或删减，使其更加有利于教学目标的达成。

其次，不同的教学内容、教学情境及教学资源的限制或针对不同的受众群体，结合核心素养的培养要求选择和使用教学方法。学科核心素养的培养要求教师进行必要的教学方式上的转变，积极实践启发性教学、探究性教学、讨论性教学和参与性的教学方式。在传统生物教学过程中，教师往往因为课时限制、课程内容繁杂使得教师的教学策略缺乏创新之处，而在基于学生的学科核心素养培育的教学活动设计中，教师为了达到培养学生学科核心素养的目的，需要根据课程内容、教学目标的要求、学生认知发展规律选取合适的教学方法，因地制宜、因材施教。

再次，传统教学方法的选择往往从教师教授的角度出发，而没有考虑到学生学习上便利与否。在学科核心素养指导之下，教师在选用教学方法时应该更强调学生在教学活动实践的主体地位，因为教师各种方式的教授方法的使用都是为了能够让学生更好地在教

学中学习到知识。因此，教师需要转变已有的观念，不应总把自身在教学中"教"的地位定位主体，而应该始终把教学上"以学生为本"作为教学设计的准确思想。教师不仅需要考虑到教学应该授之以渔，还应该以创新的教学方法的实施来激励学生对课程的学习产生兴趣，使得学生在知识的学习过程中能够建构自身的知识体系，培养创新精神。教师还可以围绕学生的学习兴趣设计教学方法，营造以学生为中心的积极的课堂氛围。另外，教师在课前都会进行精心的教学设计，而这种预先的教学设计是为了使得教学过程有序地开展。在实际教学活动中，不同的条件碰撞之下会产生一些继发性的生成性教学情况的发生。如果教师在进行教学设计的过程中将所有预计实施的教学活动填满整个教学过程，不留一丝余地，那么会造成课程的教学过程设置缺乏弹性空间应对变化。由于课堂中出现的"意外"事件是无法在发生之前做好完美的预设的，因此在教学设计时教师应该考虑到这些情况。教师既要对设计吸引学生学习的教学活动实施后可能发生的情况进行预设，也需要预留出一定的弹性空间，也就是在教学时预留的针对"意外点"处理的时间。这些生成性的教学资源从师生互动间产生，对解决学生学习中的困惑和学生全面发展品格素养的培育是很重要的切入点。教师抓住偶发性的"意外"实践加以利用，使其化作课堂教学中的有利资源，更现实的情况能激发学生探究问题的兴趣，从而达到培养学生核心素养的目的。

最后，教学设计中所要用到的提问技能是教师在整个完整的教学过程中用来引导学生学习思路的重要教学方法，因此如果要达到培养学生核心素养的目的，可以从提问方法的运用入手。高中生物教学要求培养学生实际问题的解决能力，教师在进行教学设计时可以以现实情境出发，设计解决实际问题的课堂教学活动。基于学科核心素养的教学关于课堂问题的设计，需要教师在进行问题设计时按照要学知识所涉及的问题从难易程度到问题所涉及的知识等级方面设计出呈梯度式的问题，从而能方向性地引导学生有层次的思考，使得学生获取的知识和思考问题的层级从低级向高级深化。以最初的简单的记忆性的解释问题，上升为更高等级的问题分析和应用知识，最终达到高中学生在学科核心素养的培育的目标。

（四）选择有效传输媒体，提升教学有效性

对于生物教学来说，教学媒体在提升教学的生动程度、形象程度、形成动态映像等方面都发挥着相当重要的作用，向所有学生传递所要教授的各种知识。教学媒体是所有教师教学所必要的辅助手段，在课堂中需要根据不同教学内容、学生兴趣、经济考虑，以及教学媒体自身的各种条件来决定媒体的选用。例如，用哪些媒体，何时将媒体投入使用，如何使用不同的媒体。传统的教学媒体包括实物模型、板书和版画，以及生物挂图等。随着科技的迅猛发展，新媒体的出现，更多新型的媒体也被应用于教学中来，甚至有教师亲自设计开发的媒体。

对于高中生而言，在知识的学习时如果给予感官上的直接刺激，会加深学生对所要学习内容的掌握情况，教学媒体的应用正是为了这一目的。并且随着学生认知水平的发展，学生在逻辑思维能力上的提升，知识之间内在的联系网络也可以通过教学媒体，让学生利用媒体工具建构出能够直观总结知识的框架，有助于学生联系所学习的知识，融会贯通。在生物教学中，Flash动画、影片剪辑、音频片段等应用可以提高学生的学习兴趣，产生感官上的刺激。例如，在讲解"细胞的有丝分裂"时，传统的平面结构图不如动态的Flash动画来的直观生动，且更容易体现出细胞有丝分裂的动态过程。另外，课堂反馈也可以利用一些已有现代教育和技术的手段，从而让教师更直接地获得学生在课堂上的及时反馈。例如，在课堂教学中通过Google幻灯片进行提问，学生在多媒体教室或者移动设备中借助互联网络，教师可以在第一时间获取每一位学生的回答反馈；或者利用手机APP布置任务，让学生课后进行总结性的分享等，教师应该善于把握教学媒体的使用，根据学生的情况及教学的需要选择不同的媒体，规划教学媒体的使用时机和频率，从而达到知识的有效传递。

（五）以学生发展为本，设计综合评价体系

教学评价是对课堂教学的效果及学生学的成效进行测量的重要方式。基于学科核心素养培育的需要，采取适合的方式和方法进行教学评价，测量教学的成效要采取综合化的评价体系。教学可以看作一种非线性的动态的活动过程，教师必然要对于教学评价加以重视，同时还应该鼓励自己的学生参与教学的评价过程中去。对于课堂教师对学生的评价，教师"引导"学生转换单一的言语评价，多鼓励学生从问题解决的高阶思维思考问题，减少直接地对错评断；对于课堂教学的评价，需要针对教师是否在就学科核心素养的教学目标的达成上予以关注。与此同时，还要同时注重教学和学习是否服务于教学目标的顺利达成，两者均应作为评价的重点。

对于教学评价关注的方面，应该将知识评价和能力评价相结合，检测核心素养的培育要求，培养学生学科学习过程中的必备品质和关键能力。也就是说，在教学评价的过程中，简单地针对知识方面的评价不应该是评价唯一的关注点，还应对学生在课堂学习后所应达到的能力和情感态度价值观方面的目标的达成提高关注度。我国大多数教师在教学评价时都更多地把目光观集中在学生的智力评价上，也就是考试的学业成绩。然而，在针对培育学生学科核心素养的道路上，教师应当设计出更加多种多样的教学活动让学生有兴趣参与其中，由此对学生在多样化的教学情境中遇到的诸多问题所表现出来的解决问题的能力加以检测。教学评价应该在过程性的评价上更多地给予关注，聚焦于学生综合性素养的培育，注重学生表现出的自主学习、独立思考、合作学习、解决问题的能力，以及情感态度与价值观等诸多方面的有关学科核心素养方面的评价。

第三章 核心素养下的高中生物教学

第一节 高中生物学核心素养培育的特点及策略

一、高中生物学核心素养培育的特点

（一）前瞻性

教育立足现在，培养的是适应未来社会的人才，必须要考虑得长远一些，不可为眼前的小利益而牺牲学生的未来，过于消耗压榨学生的潜力，而是要有超前性的远见。核心素养的培育也需要回望历史，让过去的经验教训成为前进路上坚实的踏脚石，而不是绊脚石。

（二）普适性

核心素养是通用的能力，所有学生通过学习都可以具备。这种能力也是跨学科使用的，学校培育的学生核心素养能够满足社会发展、科技进步对人才的共同要求，各个国家和地区对核心素养的研

究都是基于满足不断发展的社会需求而来的，这也让全世界不同的国家和地区的核心素养培养具有了共性，如沟通与交流能力、团队与合作能力、信息技术素养、学会学习、独立自主、计划与实施计划、创新地解决问题等，是各个核心素养体系普遍采纳的。

（三）整合性

核心素养的培育不是仅靠某一个学科就能够培养的，而是需要整合各学科共同合力来完成。另外，核心素养包含的能力也是跨学科的、不可割裂的，从而起到促进学生全面发展及学科整合的作用。目前科学发展的一个趋势是学科划分越来越多，另一个趋势是各学科的联系越来越紧密，化整为零，又化零为整。例如，2017年的诺贝尔化学奖授给了三位研发出冷冻电子显微镜的科学家，这项技术可用于溶液中生物分子结构的高分辨率测定，简化了生物分子成像并促进其发展，将生物化学带入一个新时代。由此我们不难预测，学生未来势必面对的一个挑战就是用跨学科的思维来解决他们现实遇到的各种问题，那么核心素养的培育要注重整合性是十分重要的，核心素养的体现需要学生应用他们自身具备的智力因素和非智力因素，以结合周围的情境促进个人的发展和社会的发展。

（四）激励性

高中是一个比较特别的阶段，大多数学生在高中阶段达到18岁，就是法律意义上的成年了，要能为自己的言行负全部法律责任。教师既需要给予高中学生父辈般的扶持、爱护与陪伴，又需要给予高中学生以成年人的尊重，给他们以独立完成事情的条件，"恨铁不成钢"固然出发点是好的，但是一定不能用过激的手段刺激学生，不能抱着为学生好的想法就不在意手段。教师要提高学生的自我效能感，提高他们的自我管理能力，为他们的出彩人生提供舞台，让他们以人格较圆满的成年人的身份踏实稳重地走向社会。

生物学科作为目前的前沿学科，其发展对人类文明的进程有着举足轻重的作用，而且随着科学技术的发展，作用还会日趋提高。因此，具备生物学核心素养对学生以后的人生作用十分巨大。

（五）发展性

苏霍姆林斯基曾经说过："只有能够激发学生去进行自我教育的教育，才是真正的教育。"[①]教育是为未来做准备，给学生树立终身教育的观念十分重要，高中教师切不可给学生印下"上了大学就可以自由散漫"的印象，人生是一场漫长的马拉松。考上大学是给高中生活画上一个圆满的句点，却又给人生中大学生活划了一条起跑线，多少学子考上大学就无心向学，不再努力学习提高自己，放弃学习的念头一旦产生，人的发展就停滞不前。教师在高中阶段就要注意学生的心理状态，让其考上大学成为大学生要随时保持良好的学习状态，一张一弛，文武之道，每天进步一点点，生命不息，奋斗不止。

（六）价值性

国家需要高素质高层次人才，人才培养要有前瞻性，而其效果又具滞后性。不可否认的是，教育也具有时效性，虽说"朝闻道，夕死可矣"，但是早成才比晚成才好，晚成才比不成才要好。"少而好学，如日出之阳；壮而好学，如日中之光；老而好学，如秉烛之明"，能多为这个世界照亮不是更好吗？

在生物多样性的三个价值中，潜在价值远远大于直接价值，学习生物有助于学生建立正确的价值观，从而对价值的大小有一个正确的认识，在人生的决策取舍中做出正确的利于其可持续发展的选择。

---

① 邹志宏.浅谈中学生自我教育能力的培养[J].新课程学习（下），2015（1）：28.

二、高中生物学核心素养培育原则

素养是人后天形成的、稳定的特点，核心素养是必须重点养成的，且在未来岁月中不可或缺的品质。那么，如何良好方便快捷地提升学生的核心素养呢？笔者认为，不在大禹之下的功德必然不是简单方便快捷就能完成的，必然是一个浩大无比、烦琐异常的大工程，需要国家、地方、学校、教师及学生的努力付出。

每一个人的人生都是一条不可逆转的道路，学生在普通高级中学度过三年，用来获取人生必备的金钥匙，开启人生路上遇到的各种宝箱，获取的金钥匙越多，那么能够开启的宝箱就越多，人生的收获就越大。核心素养的融入带来了教学理念上的改变、教学方式上的改变、学习内容的再设计和学生活动的再设计。

以核心素养培育的相关理论为依据，结合高中生身心发展规律，在高中生物学教学中提升学生核心素养的策略，可以概括为以下五项原则。

（一）知识重筑趣味化

高中的生物知识具有一定的深度和广度，相对比较抽象、枯燥，为了给这些学生必须掌握的生物知识增添趣味，扩大理解，让学生反复思量体会，笔者采用中国学生比较熟悉的对联、猜谜语等方式，将生物知识蕴含到对联、谜语中。对联是中国传统文化，耐人寻味，对仗工整，作为高中生物教师，笔者尝试在教学过程中将生物知识对成对子，课前写在黑板上供学生品味、领悟。比如，在讲到"染色体"时，好多同学不理解染色单体和同源染色体的概念，于是笔者拟了一副对联帮助理解："单体不单，着丝点一裂为二，同源非同，染色体配对成双。"笔者尝试编写谜语来启发学生思考，如在"光合作用"一节，笔者尝试用一则谜语导入，"是谁捕获七彩阳光，转化无穷能量？形成甘甜糖类，供我们享用，身体棒棒，满面红光？"讲到"隔离"一节，笔者尝试用两则谜语让学生辨析两个概念，"因为不能在一起，所以变得不一样，因为变得不一样，所以不能在一起。"让学生猜出地理隔离和生殖隔离两个生物专业术语。

（二）活动设计合作化

将学生活动区分为二人活动和多人活动，设置活动要求学生合作完成，通过设计需要合作才能完成的题目来驱动学生相互合作，使学生之间增加交流，增加彼此的合作，从而学会交流、协作、共享。因为教师扮演的是保持中立的讨论主持人，帮助学生经由探究讨论来理解矛盾的社会争议议题，而不是进行威权的意识形态的灌输教学，所以活动设置时预先就设置好以下交流规则。

首先，谨记态度平等。同学之间是相互平等的，每个人都有自己独特的优点与闪光点。彼此尊重，杜绝讽刺挖苦，多发现对方的优点，多表扬，合作就是要取长补短。越来越多的活动是一个人的力量无法完成的，这个活动必须让组内的每个人都发挥智慧，如果一个活动没有发现每个人的优点，而是依靠一个人的力量成功，否定了其他人，那么活动在激发合作这个目的上就已经失败了。核心素养是针对人的，并不单纯是将一件事情完成，而是让一个人拥有完成一件事情的能力与品性，学会合作，学会借鉴他人的思想。

其次，注重虚心倾听。在别人表达看法时，首先要有一个慎重的态度，抛下此时想表达的向往，抛下成见，认真侧耳倾听，真正琢磨别人语言行为上的闪光点。通常一个人由于家庭教育的不同，表达上会有不同见解，内心也要做好相应的预设，对其他人的表达采取慎重的处理。在此时表达有理有据，表达自己的观点时，不可刚愎自用，没有实证根据的言论只会让人迷惑，自己表达看法想法要时时刻刻注意条理化，论据分明。

最后，保持氛围和谐。当学生经过九年义务教育成为一个高中生，就应该具备这样的意识，教室不是一个人的教室，寝室不是一个人的寝室，是很多个人共享这块空间，每个人都应该合理利用这个空间，让每个人在这个特定空间、特定时间里都能得到收益。那么，对这个空间的每个人都应该给予尊重与礼貌，使其不至于遭受莫名的折辱与伤害是必须的。在教室里，给一个人起伤害性的绰号，肆意地孤立、歧视都不应该存在，学会友好相处或许不会立刻在成绩上有所显示，但的确是会影响一个人终身的生活质量。毕竟，来自他人的友谊、关心和爱护很多不是基于血缘，而是相互理解、宽容与默契。

教学过程中设立的这些活动旨在促进学生之间的相互交流、相互协调，培养彼此之间的默契，增加学生对知识的认识，合理地规则设置可以更好地实现这一目标。活动规则设置好后，就可以在教学中开展常用活动，设置的常用活动如下：

第一种是"你问我答"促理解。高中生物术语较多，染色体、基因、转录、翻译、突触等，在日常教学中，学生常常反映生物术语里的每一个字都认识，却不知道这个名词什么意思。为了解决这个问题，笔者设计了"你问我答"的活动，学过生物的都知道，生物中有大量的关键名词和专有名词，零碎、不好记忆，设计单位时间里一个讲术语，一个猜术语，讲术语的要对术语了然于心，又需准确诉之于口，还要让别人理解；猜术语的要能从只字片语中猜出，对关键名词必须了解并升华，两个人一个小组可以更好地发挥集体的智慧，掌握名词的含义和引申义，在座倾听的同学也不是没有收获，倾听过程中就了解了其他同学学习记忆的方法，间接掌握相关概念。在组织过程中，教师把全班同学两人编为一组，每个同学都有亲身经历了解的机会，相关概念提前发下让同学之间准备，开始还不熟悉，但是随着环节的进行，学生掌握了相关技巧，增强了学习的自信，并发明了更多的记忆和表达方法，效果远远好过教师来讲概念。

第二种是"你写我画"同进步。进行性评价是教学过程中不可缺少的，一般课上教师都会要求学生到黑板演示其掌握情况，生物过程图、模式图较多，在检查验收学生掌握情况时，教师设计让两个人协同表演，一个画图，另一个注释。

第三种是"你做我观"广视野。作业要有适当的重复性，但是单调的重复只会挫伤学生的兴趣和耐心，为了发挥学生的模仿学习，让学生认真对待每一份作业，把作业的作用充分发挥出来，教师在作业的布置上另外增加一项交流的要求，每个人都要浏览至少六份其他同学的作业。落实这项措施的方法就是，要求学生每份作业"做一份、看六份"，自己的每份作业需要有个人签名，还要签上所阅的六个人名字，让作业流转起来，发挥其最大作用。

（三）交流表达情理化

有些伤害是可逆的，有些伤害是不可逆转的，甚至会伴随人的一生，随着时间的流逝，伤害越发严重，不可排解。"己所不欲，勿施于人"，当别人的粗暴言行给自己的心灵造成了伤害，人们需要做的应该是产生一份戒惧，"不要像这个人这样无礼地伤害他人"，但是高中生为人处世往往依靠原生家庭自小建立的本能反应，虽然知道言行举止要有礼貌，但是遇到事情仍会愤怒，做出出格的事情，所以对自己做出的反应要学会进行合理的计划调节和控制。学生要学习让人拥有更好的沟通表达方式来解决这件事情的能力，并想一想成功的人遇到这种情况是怎样解决的。把"请、谢谢、可以更好"等礼貌用语锻炼成交流的必备用语，不肆意贬低别人，接受每个人的不同与差异，给予每个人应有的尊重，就是对自己最大的尊重。待人接物不卑不亢，谈吐有理有据，当头棒喝固然偶尔有效，细语温言更能醍醐灌顶，拥有莫大的生命力量。

（四）抽象过程游戏化

例如，当讲到"细胞增殖"时，同学们对染色体的行为不能理解，有丝分裂时染色体怎么分开，减数第一次分裂时怎么分开，减数第二次分裂时怎么分开。教师设计了一个小游戏，让学生自己扮演染色体。总共设计甲、乙、丙、丁四个小组，每组选两位身高体重大致相同的女同学手拉手扮演姐妹染色单体，这四个小组中甲、乙两组学生身高体重相仿，丙、丁两小组学生身高体重相仿，但是甲、乙和丙、丁之间高矮差异明显，所以先让学生分辨每个小组的姐妹染色单体，再根据同源染色体概念并分辨甲、乙、丙、丁四个小组哪两个可以是同源染色体的关系。

在讲解"染色体组的生物概念"时，笔者设计了用不同树的树叶代表染色体，同一种树上大小差不多的叶子具有相似的形状代表同源染色体，不同树上的叶子形状大小均不同，代表非同源染色体，每一个小组分一袋树叶，让学生区分染色体组的个数和每组内染色体的条数，数清之后，让学生在每一片叶子上写等位基因，理解等位基因的概念及基因与染色体的关系，当讲清单倍体与多倍体的概念后，让学生再利用手中树叶判断几倍体的命名。

（五）未知探究方案化

一个个优美的汉字是由基本的笔画构成的；形态各异、高耸入云的摩天大楼由近乎一样的建筑材料构筑；千姿百态的动物、植物、微生物由一个个结构功能相似的细胞构成；无法计数的遗传信息由四种核苷酸排列而成。材料都是一样的，不同的是组织材料的办法。核心素养也可以理解为一种组织调动能力，向内协调好自己的身心，保持最佳及最令自己容易发挥实力的状态，向外组织好自己的言语，与周围人、生物、环境协调配合，最终完成某件事情。经过九年义务教育的培养，高中生已经具有了一定的知识技能价值观，这些知识技能价值观积淀大多沉睡在他们的脑海中，成为他们思维生长的土壤。当遇到合适的现实情景时，他们的思维发生碰撞，这些知识也飞速运转起来，细小的问题开始在他们脑海萌芽，天下大事必做于细，这些问题十分重要。哲学家路德维希·维特根斯坦曾经说过："一个细小的问题就足以占据一个人的一生，这些细小的问题有必要得到认真对待。"①比如，遗传学之父孟德尔，大半生都在一块狭小的园圃中种豌豆、播种、授粉、计数，孟德尔剥豌豆剥的手指都麻木了。不知道多少科学家默默地在实验室耗费了毕生的精力，用持之以恒的毅力进行着成百上千次失败的实验。基因被称为生命的真谛，而它也是由四种脱氧核苷酸那样重复、简朴的构成。

　　总之，要保护学生思维碰撞产生的具体问题，指导学生学会按照一定的方案解决遇到的问题。遇到问题，让学生学会在脑海建立一个简单的"三步走"探究方案：第一步是及时记录自己的问题，不管这个问题有多么简单、荒谬，不管这个问题在何时、何地、因何产生，抓住它记下来。第二步是自己搜集相关资料，咨询教师，与同学探讨，在网络上发问，借鉴网络上的资料，查询解决办法。第三步是记录结果或结论，及时规范整理探究过程。

---

① 葛瑞林，张金言.维特根斯坦与当代哲学[J].世界哲学，1994（1）：32-35.

第二节　核心素养下的高中生物教学

一、生命观念在高中生物教学中的实践

（一）物质与能量观示例

背景：生命是复杂而美丽的，生命每时每刻都在消耗着能量，生命消耗的能量几乎都由ATP来提供，在讲到光合作用与呼吸作用时，这二者都涉及生成ATP，有的考试题目就通过ATP将光合作用和光合作用联系到一起，让学生分析总的光合作用与呼吸作用谁生产得ATP比较多。但学生的思维往往就会变得混乱，不知道如何比较二者产ATP量的多少，课本中只讲了光合作用与呼吸作用都产生ATP，而没有涉及其产量多少。当学生找不到比较的证据时，他们常常会随便蒙一个答案，而且大多学生选择呼吸作用产生的ATP多。整体上这二者产生的ATP到底谁多谁少呢？在这里就需要向学生强调一下，一个结论的得出往往需要真实的证据、详尽的数据、合适的参照物，首先在脑海中确信，一道考试题的设置是和生活中的问题不一样的，考试题一定是在那道题的题干、题目所带表格或图像等小的范围给我们相关解决的信息，而生活中的问题，其解决问题的信息存在的范围要大得多，解决办法也要多得多。光合作用与呼吸作用产生ATP多少的问题需要学生发散思维，不能纠结于一种生物、一个类群，而要从整个生物圈能量流动的范围来思考产生ATP的多少，地球上生命的根本来源是太阳能，太阳能通过光合作

用被固定在地球上，储存于植物的有机物中。光合作用的ATP转化到有机物中，呼吸作用生产的ATP能量来自有机物，那么我们就把光合作用和呼吸作用生产ATP多少的比较转化为光合作用生产的有机物与呼吸作用消耗的有机物之间的比较。绿色植物通过光合作用制造有机物，这部分有机物自身消耗一部分，剩下的一部分被其他生物消耗掉，一部分或许会变成石油煤炭储存下来，但我们可以确定的是，呼吸作用消耗的有机物是来自光合作用制造的，只要这个地球上有机物有积累，还存在有机物，那么光合作用制造的有机物就比呼吸作用多。

当学生理解总的光合作用生产的ATP多于呼吸作用消耗的ATP，建立了绿色植物为主的生产者是生态系统基石的概念时，教师可以顺带让他们比较目前人类采用的能源方式："目前我们的能源方式有什么？"主要是煤炭石油的燃烧。

煤炭石油是地球几亿甚至几十亿的积累，我们用了地球以前那么久的积累来供应目前的短时间使用，这种方式能否持久？

人类一年需要的有机物与植物一年制造的有机物得有一个什么关系，人类才能可持续发展呢？

当学生由此建立了全球的国际意识，那么再问他们："亚马孙的雨林被砍伐与你有没有关系？"

植物一年制造的有机物与人类一年消耗的有机物应该有什么关系？

通过对这些问题的思索，学生就可以顺利地进行比较了。由此，学生也会建立植树造林和节约能源以及可持续发展的观念。

（二）进化与适应观示例

背景：在高中生物讲解生命的起源时，学生的问题会特别多，课本中的知识是生命从简单到复杂，从水生到陆生，最早的生物应该是厌氧的，雷电在生命的起源中有重要的作用，学生认为月亮也应与生命的起源有很大关系。

学生：我觉得月亮在生命的起源中应该有较大的关系。

教师：这个推论很好，你的推论证据是什么呢？

学生：月亮引起地球潮汐变化，潮汐是海洋固定节律性的变化，生命起源于原始海洋。

教师：为什么这么说？

学生：我们是否可以认为月亮引起地球上的海洋每天都在震荡，就像实验室里的摇床，在这震荡中，有机物在海洋中碰撞、重组，进而产生了生命？

教师：这是一个不错的假设，还有进一步的证据吗？

学生：我看到一篇报道，朊病毒是在运输过程中产生的，运输过程中粉碎的骨粉里的有机物在适宜的温度下，在运输工具均匀的摇晃中产生了神秘的变化，组合成了会不断复制自己的朊病毒，我由此联想到地球上的原始海洋在月亮引起的震荡下产生了生命。假如这个推论是真的，以后在太空中其他星球上寻找宇宙生命，除了看该星球有没有水，还可以把有没有月亮这样的卫星考虑在内。

教师借机鼓励学生：你的设想很不错，一定要记录下来，广泛搜集证据印证，未知问题的价值是很大的，希望你未来可以解决这个问题。

（三）结构与功能观示例

即使是一个最简单的细胞也比目前最复杂精妙的计算机要复杂，高中生物学要求学生熟悉细胞的结构，并且在课本中设计采用"模型建构"这一栏目，允许学生根据自己的构想选择合适的材料来构建各种模型，了解细胞各部分之间的关系。例如，细胞膜的流动镶嵌模型，学生需要通过构建模型掌握磷脂分子怎样相对排出磷脂双分子层，蛋白质怎样镶、嵌、贯穿，糖被如何构建分布。又如，动物细胞和植物细胞结构，学生通过模型各个组成部分之间的构造和联结，掌握各种细胞器的结构，各种细胞器的分布，理解细胞器独特结构与其功能之间的联系。再如，叶绿体通过类囊体增大膜面积，线粒体内膜向内延伸成嵴增大膜面积。

细胞分裂过程中不同时期染色体的行为也可以通过构建各时期细胞染色体形态来展示，从而帮助学生进行理解。DNA的分子结构模型构建既能帮助学生认识结构，还可以使他们了解科学家沃森和克里克当初的艰苦探究历程。

总之，适当鼓励学生进行各种生物模型的建构，可以极大地调动学生的积极性，使其对加深对结构决定功能观念的记忆。

（四）稳态与平衡观示例

生态系统具有一定的自我调节能力，以维持生态系统结构与功能的稳定，这种调节能力建立在负反馈调节的基础之上。生态系统的稳定性分为抵抗力稳定性和恢复力稳定性，当受到各种外界不利因素的干扰时，抵抗力稳定性能够抵抗干扰，保持原状。一个生态系统稳定性的大小与生态系统内部物种种类有密切关系，一般认为，物种种类越繁多，食物链与食物网越复杂，抵抗力稳定性越强，受到外界干扰的影响越小。

抵抗力稳定性大小与外界干扰的关系可以迁移到学生的情绪管

理上，一个情绪容易大起大落的学生就像一个抵抗力稳定性很小的生态系统，一点儿外界干扰就可能使其崩溃。在日常教育教学中，笔者经常观察到，学生因为一点小事就喜不自胜或气馁万分，无法全身心地将心思投入学习活动中，甚至可以说，良好的情绪管理可以使学生的学习效率得到很大的提升。笔者认为，可将学生的内心比作一个生态系统，学生的内心越丰富，他处理外界干扰的方式就越多，抵御外界干扰的能力就越强，且不谈"泰山崩于前而色不变"，遇到问题不动声色是基本的要求。

二、科学思维在高中生物教学中的实践

（一）归纳与概括示例

因为高中的考试都是闭卷考试，学生需要将知识记在脑海中来运用，为了达到记住知识这个小目标，教师往往会不断重复重点考查内容。当教师不断地将知识进行机械性重复时，学生在应对考试、取得佳绩的巨大压力下奋力听讲，但在一节课的灌输下，学生的痛苦与倦怠也往往会溢于言表。即使强行记住，当遇到具体题目时，运用这些知识来解决问题也会茫然不知所措，教师往往会说"记得再熟练些，查找知识就会更快"，但事实上，神经生物学研究证明，一个人的短期记忆与长期记忆存放在大脑不同的记忆区域，短期记忆与长期记忆有不同的记忆特点，短期记忆花费的时间短，但是容量小，就像一个电脑的硬盘容量是1G，那么超出1G的知识就会覆盖掉前面的内容，不管我们重复多少次，花费多大的耐心与精力，都只能记忆1G知识。短期记忆经过恰当的转化可以成为长期记忆。而长期记忆的容量要大得多，保持的时间也长，教师不应只让学生形成短期记忆，而要及时地将短期记忆转化成长期记忆，通过归纳概括等使他们的短期记忆转化成长期记忆。

在知识的获取与记忆中，笔者尝试应用既简单又能让学生把知识牢牢记住的方法，如首字连词法，当学生记忆蛋白质的结构与功能多样性时，用"种、数、排、空"来记忆蛋白质结构多样性的四个原因——氨基酸的种类不同、数量不同、排列顺序不同，多肽链的空间结构不同；用"催、构、运、免、调"来记忆蛋白质的五个功能——催化、结构物质、运输、免疫、调节。在解题的过程中，适当地对常见题型进行概括也有助于学生解决问题速度的提升，生物选择题是单选题，四个选项中选择出一个正确的选项或者错误的选项是常见的考法，笔者和学生一起概括常见错误选项的设置方法，以更好地辨析出正确的答案。例如，张冠李戴法，调换混淆两种实验方法，混淆仪器、试剂等；李代桃僵法，把"四种"换成"四个"，把"子一代"写成"子二代"，把"动植物"换成"一切生物"；以偏概全法，不是全部都有的，写为"都有"，不是全部的写成"全部"等。

（二）演绎与推理示例

学生在学习过程中，经常会出现，字都认识，不知道什么意思，概念都了解，却不会做题的困惑。也就是说，记住了，但是没有辨析好，目前高考出题就有一个趋向，越来越重视学生对数据的分析、对概念共性与差异性的辨析，以及在联想、尊重事实、注重实证、理顺正反逻辑、流程顺序等方面的考查。在生物学中，有些生命过程必须按照一定的顺序进行，不可颠倒，有些就可以更换位置。例如，分泌蛋白的合成与运输，蛋白质先在核糖体上，然后去内质网，再去高尔基体，最后通过细胞膜胞吐出细胞，这个顺序就是不能变的，尤其体现在生物实验设计上，要细致设计实验步骤，不能随便颠倒次序。如蛋白质的鉴定，先加A液后加B液也是不能颠倒的。2016年高考生物全国卷还考查了先保温后混合还是先混合后保温的问题。

在思维推理过程中，思考的顺序有时候决定着学生答题花费时间的长短与最终结果的对错，因此在一些知识点的运用上，需要注意给学生设计具体的思考流程；在不同的讲解目的上，尝试对知识进行不同顺序的设计。例如，在讲解人类遗传病中的单基因遗传病时，笔者先讲常染色体遗传病，再讲性染色体遗传病，每一类再按照显隐性介绍相应病例，在做遗传病题时，则让学生第一步分辨是否是伴Y遗传病，确定不是伴Y遗传后再区分显隐性，区分出显隐性，然后再区分是常染色体还是X染色体，以此减少了出错的可能性。再如，讲解单倍体与多倍体的区分时，让学生不要忙着数有几个染色体组，而是第一步先辨别该个体是配子发育成还是受精卵发育成，配子发育成的无须数染色体组的个数，直接命名单倍体，受精卵发育成的个体才数染色体组，以此命名几倍体。这样做可以在紧张的考试时间里减少不必要的时间浪费，降低错误率。

（三）模型与建模示例

如果学生会用思维导图来确定各种概念知识的关系，那么他对知识的认识就深了一个层次；如果学生能够将细胞膜的流动镶嵌模型构建出来，那么细胞膜的组成和结构就会被深深地刻在他的脑海中。模型建构需要选材、搭建，这锻炼了学生的动手能力和解决问题能力。高中生物学中有许多模型需要学生去动手完成，除了细胞膜、细胞器、细胞核，还有DNA分子、生态系统等。简单模型的构建还有助于学生对生物考题的解决，在讲遗传的基本概率时，学生经常会遇到杂合子自交后代所占概率的问题。

1.提出问题示例

背景：高中阶段的知识较难、较深，学生的思维也日趋加深、加广，这是他们智力发展的一大高峰时间，或许也是学生人生中动脑筋最多的时段。有时候学生会问教师一些困惑他们已久的问题。冬季干旱少雪，感冒肆虐，学校几次停课放假，一个备受感冒困扰的学生曾反复询问："病毒的存在，有什么意义？那么简单的生活，就是复制，侵染，再复制，再侵染，如此反复。"

教师：简单与复杂并不是判断有没有意义的标准，一位目不识丁的母亲培养出一个学富五车的博士儿子，是这位目不识丁的母亲有意义，还是这个博士儿子有意义？病毒简单吗？病毒的生活并不简单，现在研究病毒的人和书车载斗量，不可计数，怎能随便说病毒简单？

学生：病毒的确不简单，但不简单病毒的存在有什么意义？

教师：一般来说，意义是从人的角度来说的，对人来说有价值，可使用，供食用，宜观赏，当药用，助科研，生物上叫直接价值；蓄洪防旱，调节气候，保持水土，能改善环境，视为间接价值；有价值，但人类还意识不到，即为潜在价值。或许有人觉得病毒就是复制侵染，它的一生短暂，但实际上它很忙碌，也很复杂，而且变异的概率比人大多了。我们不能只想着病毒会让人得病，对人有害，从进化的角度看，人类有很多基因和病毒类似，或者说，有不少就是从病毒那儿得来的，就像人们猜测线粒体和叶绿体是被俘获为己所用的"生物"，有些病毒一直在努力把它的基因重组后再进入人的染色体，有些病毒是可以根除的，也有些病毒，一旦感染，即伴随终生，所以人们要注意卫生、尽量避免感染病毒。

学生：不是可以降低病毒浓度到一定程度就认为根除了吗？

教师：是的，但是只要有一点，病毒就可以繁殖很多，在人年老体衰、免疫力下降的时候发作。另外，有些病毒绝不可以感染。虽然病毒是如此可怕，但人们创造一个无菌环境就是对人类最有益的吗？目前来看，答案是否定的。人类让环境尽可能干净卫生，但是如果人们都生活在完全无菌的环境中，会像人喝蒸馏水一样拒绝了许多普通水中不可知的有益成分。

高中生物选修三中提到灭活的病毒可用来促进细胞融合，高中生物选修一中提到牛肉膏蛋白胨培养基可用于作为选择培养基的成分，起选择作用，在高中生物必修三的生态系统中提到光合作用可以促进物质循环能量传递，狐狸可以杀死澳大利亚外来入侵的兔子。病毒是有意义的，就像误差不能避免，只能减少，就像人类只能尽量减少干扰，但不能避免干扰，人类的应对应该是提高自我调节能力，在抵抗病毒干扰的同时也会强壮自己，与病毒共同进化，共享同一个地球。

学生：病毒的确有意义、有价值，还有很多值得我们深入探索的。感冒病毒极易变异，致使目前的抗生素失效，倘若变异的感冒病毒没有什么特效药来应对，治疗则会花费巨大的钱财，能使一个中产家庭的半生积累毁于一旦，而且还不一定能保住性命，因此生物学中的病毒研究对创造人类的幸福生活很有必要。

2.科学论证示例

背景：在我们学习人教版高中生物必修三中"人体的内环境与稳态"内容时，同学们已经建立了这样的认识，即内环境的成分和理化性质不是恒定不变的，而是在一定范围内上下波动。一些同学提出了疑问，内环境的水分是最多的，人每天都要通过饮食摄入一些水分，也要通过排尿、排汗、排便等排出一些水分，当你感觉渴的时候，体内渗透压就已经偏高。有一个说法是每天要喝八杯水，这个八杯是如何定量的呢？

教师：杯子容量有大有小，这八杯水是多大的八杯水？同学们能不能确定杯子的大小，以备在以后的生活中注意一下呢？

全班学生陷入讨论中，有的说200毫升，有的说500毫升，有的说600毫升，这个说法立刻被学生否定，一瓶普通矿泉水大约550毫升左右，很少有一天喝八瓶矿泉水的时候，最后学生决定用数据说话，通过查询到的数据进行分析：在25摄氏度的温和天气下，一个体重60千克进行轻体力劳动的成年人每天需要通过排尿排掉水分1500毫升；粪便、呼吸和皮肤等途径损失1000毫升，总共消耗水分大约是2500毫升，所以一个健康的成年人每天大约需要2500毫升水，其中食物和代谢大约提供1300毫升，那么这个健康在成年人每天至少饮水1200毫升，若八杯水加起来1200毫升，那么每杯水平均150毫升。

3.联系生活示例

背景：免疫的第一道防线是皮肤和黏膜。皮肤和黏膜对外来病原体起到了很好的阻隔作用，这道防线的守护对一个人的健康生活有着至关重要的作用，学生必须认识到这一点，并在以后的生活中进行足够的保护。皮肤黏膜被破坏后生活受影响的例子有哪些？

学生查阅资料：安徒生的母亲是依靠洗衣服抚养安徒生，因为手长期泡在水中，所以破损，感染病菌，生活质量大大下降。我国著名作家老舍的母亲也是靠洗衣服挣钱养活一家老小，所以老舍对此观察较多，他在文章中曾多次描写母亲备受摧残的红肿的手。抽烟、喝酒的人的消化道和呼吸道黏膜极易受损，患癌症的概率会大大增加。

学生得出结论：健康生活，用手洗衣服，刷碗筷时要带胶手套，冬季气候寒冷时要涂抹护手霜来防止皮肤干裂、病菌入侵，不嗜烟酒，饮食注意不要太烫，防止消化道黏膜受损。

学生经过高中生物的学习之后，不仅对高中生物教材中的核心概念有了一定的意识，对于自己和家人在生活中如何避开其中的各种有害因素有了大概的了解，以使自己和家人拥有强健的体魄来应对各种各样的挑战。

（四）社会责任在高中生物教学中的实践
1.成就自己示例

背景：讲解基因与遗传信息关系时，学生对遗传信息的生物大概念的了解不多。基因被称为生命的真谛，基因是有遗传效应的核酸片段，基因上贮存遗传信息，遗传信息是基因上脱氧核苷酸的排列顺序，生命与生命的不同或者说生物多样性的根本原因是由于不同生物的遗传信息不同，即四种脱氧核苷酸或四种核糖核苷酸的排列顺序不同。我们可以这样类比，计算机读取的就是0和1的排列顺序，深深吸引人类的计算机呈现的精彩视听感受的根本在于0和1的排列顺序不同，而千姿百态的生命的不同根本在于四种脱氧核苷酸或四种核糖核苷酸的排列顺序不同，当高中生明白核苷酸的排列顺序决定了生命的不同，教师就可以给高中生这样的启示，即一天有24小时，一个人对这24小时能做的事情进行的排序，决定了这一天的做事效率的高低，什么时候休息，能达到最好的修养身心健康效果；什么时候饮食，能更好地滋养我们的身体精神；什么时候做该做的事情；什么时候做喜欢的事情等。当高中生能够将一天的时间安排得井然有序，那么，长时间熬夜、超时间上网游戏的现象应该会得到一定的削减，对一个月、一年、一生该做的事情有了更好的安排，学生的人生想必会更加完美。

2.反哺家庭示例

在日常教学中，学生的情绪变化对学习状态的影响比较大，一天一个学生来找笔者咨询：我是不是必须得完成父母的要求？我想自由自在的，父母对我的期待让我压力很大。

笔者：我们在人教版高中生物必修三"种群的特征"一节中学过，没有什么生物是能孤立存在的，生物以种群为单位生活在地球上，人类具有社会性，一般来说，父母是我们能够存活的坚实的基石，父母不仅是你的养育者，还希望你能更好地发掘自己的潜能，为家庭和社会做出更大的贡献。没有什么生物是孤立存在的，一个人愿意为自己而活，是很好的想法，但是一个人如果没有为自己周围人的利益考虑，没有让自己的才能得到发展，没有超越一己私利的大关怀、大悲悯、责任感和承担意识，就必然是将个人的私欲作为唯一的追求和目标。这样的人生路走来是很狭窄的，有奉献的人生，才是丰满的有血、有肉、有意义的人生。

3.造福社会示例

通过高中生物的学习，学生能够认识到个体都是以种群为单位生活在一起的，相互之间有密切的作用，当学生有了种群的概念认识，更能体会到、了解到人类社会存在的意义，体会到周围人存在的价值，当每个人在力所能及的范围内奉献自己的学识、技能，尊老爱幼，遵守社会公德，社会就会更加和谐美好，而当一个人学会将自己的问题合理地提出，学会更好地借助周围人的力量来完成自己应承担的社会责任，散发正能量影响周围的人心向善，和谐社会自会被缔造。

4.爱护自然示例

通过高中生物的学习，学生可以建立这样的环境保护意识：地球从来不是人类自己的，而是与众多的物种共享，每一个地方在长期的进化发展中都有自己本地特色的植物、动物、微生物，不能统一地按照自己的喜好来任意移栽。针对外来物种入侵的危害、各种生物之间的相互依存关系，学生如果不能掌握这些知识，当学生走上社会实施自己作为人的职责时，将会很盲目地做出短视、不利于可持续发展的决策与事情，也会加快环境破坏的速度，而环境修复却是需要耗费很长的时间，修复速度也是非常慢的。

第四章 核心素养下的高中生物实验教学

第一节 相关概述

一、概念界定

（一）高中生物实验教学的概念

生物学是一门以实验为基础的自然科学，具有明显的实验科学的特征，生物学的理论知识都是建立在科学实验的基础之上。所以，生物实验教学是生物教学的特点之一，也是生物教学的基本组织形式，尤其是在高中阶段，生物实验更是成为生物学中重要的教学内容。《普通高中生物课程标准（2017年版）》中将"实验教学"定义为："教师组织学生在生物学实验室和校园内外开展的教学活动，既可以是动手、观察类的实践活动，也可以是以解决问题为特点的探究活动。"在这一概念中，实验教学不再是传统意义上实验室中的教学活动，还包括了校园内外的各种实践活动以及探究活动。

（二）科学探究能力

"科学探究能力"是指能够发现现实世界中的生物学问题，针对特定的生物学现象，进行观察、提问、假设、实验设计、方案实施、得出科学的结论，并针对结果进行交流与讨论、反思与评价的能力。科学探究、生命观念、科学思维和社会责任是生物学核心素养的四个重要组成。

（三）科学探究能力组成要素

科学探究能力一般包括提出问题能力、做出猜想能力、制订计划能力、实施计划能力、信息处理能力、得出结论能力、合作与交流能力、反思与评价能力等要素。

（四）生物实验教学的任务

生物实验教学是生物教学的重要组织形式，与传统的课堂教学相辅相成，相互配合，相互促进，承担着传统课堂教学不易完成的教学任务。总体来说，生物实验教学有以下两大任务。

1.帮助学生加深相关学习内容的理解

实验教学相比于传统课堂教学具有一些明显的优势和特点。其一，实验教学更容易调动学生的学习兴趣，有利于发挥学生学习的积极性和主动性，使学生成为学习的主体。其二，实验教学更加直观、形象，在课堂教学中所涉及的一些生命现象以及生理特性可以通过生物实验来加以说明，学生能够在实验过程中更好地理解生物学知识，将课堂中所学的较为抽象的理论知识转化为明了、生动的实验过程和实验现象，有利于帮助学生加强相关知识的记忆，加深相关内容的理解。

2.帮助学生提高生物学核心素养

新课程标准提出了生物学科的核心素养——生命观念、理性思维、科学探究和社会责任，同时也明确指出，实验教学是促成学生达成生物学核心素养的重要支撑。所以，培养和发展学生的核心素养便成为生物实验教学的重要任务之一。生物学核心素养，尤其是科学探究素养，与实验教学的联系非常密切。在实验教学过程中，学生有较多的机会进行实践操作和观察，进一步理解科学探究过程，同时也有利于学生的交流与讨论，培养学生的团结协作精神。所以，生物实验教学是培养学生科学探究素养的重要手段。生物实验教学的开展要注重生物学核心素养的落实，帮助学生提高生物学核心素养也是生物实验教学的重要任务。

二、理论基础

（一）建构主义理论

建构主义学习理论认为，学习是引导学生从原有经验出发，生长，建构起新的经验的过程。[①]探究式学习就是建构主义在具体教学中的运用。

实验教学的开展需要利用情境教学，由此引导学生提出探究性学习的问题，如提供图文资料、数据，或呈现生物的标本、模型，这与建构主义理论相符。科学探究是学生主动学习的过程，而传统的实验教学往往以教师讲授、学生被动地接受知识为主。建构主义理论认为，学习应该是学生自主构建知识的过程，要求教师在教学环节中设计真实的情境与任务来培养学生的某种能力或素养，学生在情境中学习能够利用已有的生活经验和科学知识来解决问题，从而完成任务，而在解决问题、完成任务的过程中刚好可以实现科学探究能力的培养。[②]

---

① 郑倩倩.用建构主义学习论评析窦桂梅《晏子使楚》教学案例[J].基础教育研究，2016，437（07）：78-79.

② 归敏丹.建构主义学习理论在教学中的应用[J].无锡南洋学院学报，2005（3）：18-19.

知识的学习是一个动态的过程，是学生对于知识建构的一个过程，因此教师要以学生为主体，将科学探究观念融入学生的学习过程中，在教学环节完成后引导学生进行反思与评价，不仅有利于学生的学习总结，同时也有利于教师的成长与进步，这也是评价促发展的课程理念的具体体现。因为实验是培养学生科学探究能力的一个重要手段，所以在教学环节中运用建构主义理论创设情境引导学生学习是十分有必要的。

（二）自我效能感理论

美国著名心理学家班杜拉在1977年首次提出"自我效能感"这一概念。多萝西·杜查莱特（Dorothy Duchatelet）认为，自我效能感表明一个人在完成任务时自身关于能力方面的信心和水平，是指对自己能否完成某项任务的主观判断、评价和信念。[①]

当一个人的自我效能感低的时候，他就会表现得消极，不愿意主动思考问题，没有信心做好一件事，认为自己是失败的，肯定做不好任何事，自我成功的概率大大降低；当一个人的自我效能感高的时候，其在具体的领域中完成任务的信心就较强，主动解决问题的积极性也较高，自我成功的概率大大增加，学习成绩自然就会越好；当一个人的自我效能感继续增强，其能力就会进一步提高，事业也会发展得更好，人生就会进入良性循环发展。因此，教师要尽可能提高学生的自我效能感，让他们在完成某项学习任务的时候信心满满。

此外，由于我国应试教育的影响，社会、学校和家长的注意力主要集中在学生的学习成绩上，很少有人关注学生的心理健康发展和学习过程的体验，更不要说关注到影响学生学习情况好坏的因

---

① 张爱萍.维吾尔族大学生自我效能与幸福感相关性研究[J].新疆大学学报（哲学·人文社会科学版），2012（03）：96-97.

素。生物实验在生物学习中非常重要，它是培养学生科学探究能力的重要手段，但生物实验失败的经历会让学生缺乏学习的主动性和积极性，在这种情况下，学生会丧失做生物实验的信心，失去对生物科目学习的热情，害怕尝试，长此以往，学生就会产生消极的学习态度，而正是这种消极的学习态度的恶性循环导致学生的生物学习状态不佳。所以，本研究借助自我效能感理论开展实验教学，有助于学生提高生物科目的学习兴趣。

三、科学探究素养构成要素的解析与评价

（一）科学探究

科学探究是指科学家们用来研究自然界并根据研究所得证据做出解释的各种方式。科学家通过科学探究解决问题，掌握科学知识，发现科学本质。学生也可以通过模仿科学家的探究方式来获取知识。所以，《美国国家科学教育标准》中对"科学探究"的定义为："科学探究是指科学家用以研究自然界并基于此种研究获得的证据提出种种解释的多种不同途径。科学探究也可以指学生用以获取知识、领悟科学家的思想观念、领悟科学家研究自然界所用的方法而进行的各种活动，包括观察、测量、制作、提出假设、进行实验、提出模型和进行交流等。"[①]

在课程改革的推动下，科学研究已经成为理学课程中的一种重要教学方法和教学活动，成为学生必备的一项知识技能。所以，从教学角度上看，科学探究既是学生学习科学知识的一种方法，又是学生在学习活动中必备的知识技能。

---

① 高峰英.《美国国家科学教育标准》中高中生物学概念叙述例析[J].生物学教学，2014，39（008）：37-38.

（二）科学探究能力

科学探究能力是指科学家在科学探究过程中必备的关键能力，也指学生在模仿科学家进行科学探究活动时的心理特征。

《普通高中生物课程标准（2017年版）》中对科学探究具体能力的描述为："具有较强的生物学实验的基本操作技能、搜集和处理信息的能力、获取新知识的能力、批判思维的能力、分析和解决实际问题的能力，以及交流与合作的能力。"关于科学探究能力的要素组成，不同的学者有不同的见解。当前国际上普遍认可的科学探究能力一级要素为提出问题、猜想与假设、制订计划、进行实验、收集证据、解释与结论、反思与评价、表达与交流。

（三）科学探究素养

我国教育部于2018年1月印发了《普通高中课程标准（2017年版）》，其中，物理、化学、生物学科凝练的学科核心素养都包含"科学探究"素养。《普通高中生物课程标准（2017年版）》指出，"科学探究"是指能够发现现实世界中的生物学问题，针对特定的生物学现象，进行观察、提问、实验设计、方案实施以及结果的交流与讨论的能力。在探究中，乐于并善于团队合作，勇于创新。

生物学是一门实验学科，培养学生的科学探究能力是中学生物教学的一项重要目标。笔者认为，科学探究能力和科学探究素养的内涵是基本一致的，而科学探究素养的内容要比科学探究能力更加丰富一些。科学探究能力是学生科学探究素养的主体部分，科学探究素养不仅包括学生在科学探究过程中的关键能力，同时还包括学生在这一过程中发挥的主体作用，以及在生活中发现相关生物学问题的意识。科学探究素养是在科学探究能力的基础上的一次升华。

在新一轮高中新课程改革中，培养学生的生物学科核心素养是高中生物教学的重要任务。因此，教师在日常教学中应充分利用教学资源，加强对学生探究能力的培养，使学生逐步具备最关键、最必要的基础素养，并最终形成完善的能力体系，从而促进其终身发展。

（四）科学探究素养构成要素的解析

笔者根据《普通高中生物课程标准（2017年版）》的要求，在国内外已有的研究基础上，解析科学探究素养的一级构成要素和二级构成要素。

1.一级构成要素的解析

笔者以PTA（Primary Triat Analysis，基本要素分析法，简称PTA）为理论依据，解析科学探究素养的基本构成要素。在前文中已经表述了，科学探究能力是科学探究素养的主体部分，所以笔者在科学探究能力一级构成要素的研究基础上，解析科学探究素养的一级构成要素。

科学探究素养以科学探究能力为主体，其一级构成要素必然要以科学探究能力的一级要素为框架。综合分析科学探究素养的定义和科学探究能力的八个一级要素，笔者认为在科学探究能力的"反思与评价"要素中，无论是对实验结果评价还是对实验过程的反思，或是对其他方面的反思评价都应该是学生之间或师生之间表达交流的一部分。所以，笔者将科学探究能力的"反思与评价"和"表达与交流"两个要素整合为一个要素，即"表达交流与反思"。并且科学探究素养还注重学生在现实生活中对生物学现象的感知以及在科学探究过程中的创新精神。所以，笔者又增加了"发现现象"这一要素。"发现现象"是指学生能根据生物学知识迅速对应起生活中的相关生物现象，或是能敏锐地发现生物现象，并能用相关的生物学原理进行解释。所以，笔者将科学探究素养共解析为八个一级要素，分别是发现现象、提出问题、做出假设、设计实验、实施实验、收集数据、分析现象与得出结论、表达交流与反思。

2.二级构成要素的解析

解析科学探究素养二级构成要素的主要依据是《普通高中生物课程标准（2017年版）》中对科学探究素养划分的四种水平。

水平一：能够使用简单的实验器具；基于给定的实验方案完成简单的实验，记录相关数据；能以书面的形式将实验结果记录下来。

水平二：能够正确使用工具进行观察；提出生物学问题，在给出的多个方案中选取恰当的方案并实施；选取恰当的方法如实记录和分析实验结果；能与他人合作完成探究，以口头或书面的形式与他人展开交流。

水平三：选用并能够熟练地运用工具展开观察；针对特定情境提出可探究的生物学问题或生物工程需求；基于给定的条件，设计并实施探究实验方案或工程学实践方案；运用多种方法如实记录和分析实验结果；在小组学习中能主动合作，推进探究方案或工程实践的实施，并运用科学术语报告实验结果。

水平四：能够恰当选用并熟练运用工具展开观察；针对日常生活的真实情境提出清晰的、有价值的、可探究的生命科学问题或可达成的工程学需求；基于对相关资料的查阅，设计并实施恰当可行的方案；运用多种方法如实记录，并创造性地运用数学方法分析实验结果；能够在团队中起组织和引领作用，运用科学术语精确阐明实验结果，并展开交流。

科学探究素养的四种水平详细说明了科学探究素养的各要素在不同水平所要达到的具体标准，这也是本研究对科学探究素养进行评价的部分依据。

（五）科学探究素养的评价

由于科学探究素养和科学探究能力在内涵上的高度一致性，我们同样可以借助科学探究能力的评价方式来评价学生的科学探究素养。从20世纪60年代国际科学课程改革以来，国际科学教育界一直在探索科学探究能力的评价方式。当前国际科学教育界普遍认可的科学探究能力评价方式有四种——现场观察、工作单、计算机模拟、纸笔测验。

1.现场观察

现场观察法通过观察者在现场直接观察实验者的操作，并进行询问，所以能够直接获取有效的信息，效度最高，但是对人力、物力的成本要求也最高，不适合进行大面积的评价。尤其是在我国庞大的学生基数下，很难通过现场观察的方式对学生的科学探究能力进行大规模的评价。

2.工作单

工作单是当前国际上普遍使用的一种评价方式，是一种延时性评价。首先是让学生将探究的过程和结果记录在工作单上，然后教师根据评分标准来对学生的科学探究能力进行评价。工作单可以适用于不同的探究任务，可以根据具体的探究任务编制不同类型的工作单。国际研究表明，工作单能可靠、有效地评价学生的科学探究能力。

根据工作单提示程度的不同，可分为以下三种类型。

第一种是引导性工作单。引导性工作单的提示性最强，它是根据特定的探究任务而编制的，能够一步步地引导学生进行探究，记录相关内容。引导性工作单只能适用于某个具体的探究任务，其高度的提示性和结构性适用于中低水平的学生，但是却不利于高水平学生的发挥。

第二种是结构性工作单。结构性工作单具有一定的提示性，而且可以根据学生实际水平的不同来调整提示的强弱。结构性工作单首先是给予学生一定的提示结构，然后要求学生根据提示结构如实记录探究的内容、过程和结果。结构性工作单可以适用于不同的探究任务，而且其适度的开放性有利于发挥学生的自主性和主体性。

第三种是开放性工作单。开放性工作单的提示性最低，工作单上只有一个探究题目或者直接是一张空白工作单，然后让学生根据要求把探究的内容、过程和结果填写在工作单上。开放性工作单由于其高度的开放性，同样可以适用于不同的探究任务，也使得学生能够充分地发挥创造性和自主性，但仅适合于高水平的学生，对于中低水平的学生而言，开放性工作单的难度较大，而且学生充分的自主性使得评分者也难以准确把握评分标准。

3.计算机模拟

计算机模拟评价是指通过计算机技术构建一个模拟情景，学生通过操作计算机进行模拟探究，学生的具体探究过程会由计算机自动进行评价并打分。我国部分学校已经利用该技术让学生对探究实验进行模拟操作，利用计算机模拟对学生的科学探究能力进行评价是一种即时评价，能够及时地对学生的探究过程做出反馈，而且计算机还会保存着学生探究的全部记录，教师或学生可随时回顾探究过程，找出存在的问题，有利于学生的形成性评价。计算机模拟评价节约了实际探究材料的成本，但是其开发成本较高，对学校的硬件设施要求很高，而且学生在模拟情景中学会的实验技能并不能很好地迁移到真实情景中。

4.纸笔测验

纸笔测验是指在纸上呈现标准化试题，受测者按题意用笔回答的测验。这是我国仍然在普遍使用的一种评价方式。纸笔测验通过不同的题型和题目测试学生在科学知识方面的学习成就高低或在认知能力方面的发展强弱，这对纸笔测验的标准化试题要求很高。纸笔测验的优势在于开发和运行成本很低，可以大题量开发、大样本测试，而且评分者信度很高。但是，纸笔测验与现场观察的相关系数最低，可交换性最差。

　　综上所述，在科学探究能力的四种评价方式中，现场观察是有效度最高的评价方式，但是其成本也最高。工作单、计算机模拟和纸笔测验这三种评价方式的效度以及与现场观察的相关系数、可交换性是依次降低的。在四种评价方式中，工作单是国际上普遍认可和接受的一种评价方式，许多大型的国际评价活动都是采用了工作单进行的评价。基于实际情况的前提下，我们可以使用工作单来对学生的科学探究水平进行评价。

第二节　高中生物实验教学中学生核心素养的培养

一、科学探究教学模式的设计

　　为了更好地培养学生的科学探究能力以及科学探究能力下各个维度的能力，本部分设计了如下科学探究教学模式，此教学模式包含六个教学环节：导入新知、确定问题、合作探究、表达交流、总结与评价和应用迁移。

（一）导入新知

教师实验通过创设情境或者以提问的方式引出该节课的主题，促使学生去寻求探究的话题、概念、主题，如提供相关的图文信息资料、数据，或呈现生物的标本、模型、生活环境，或从学生的生活经验着手，或从社会关注的与生物学有关的热点问题切入等，或者讲解教材经典实验等。

（二）确定问题

作为教师，应鼓励学生提出个性化、多样化的问题，在课堂允许的条件下，让学生大胆探究，如引导学生提出相关"验证……""证明……""探究……"的题目，确定实验类型。

（三）合作探究

合作学习可以促进学习的意义建构，促进学生高水平的思维和学习活动，体现"绿色教学"的可持续发展理念。在一个群体中，看到同伴们的成功，学生也会提高自身的自我效能感。合作组必须推选出组长，统筹分派各个组员的任务，包括"情报员"，若干组员通过网络、图书馆借阅、咨询家长、走访相关人员等方式收集信息自主学习；"分析员"专门对收集的信息进行整理加工，以便于既充分又简洁地展示小组探究成果；作为小组代表，"外交发言人"专门负责表达、展示小组探究结果，进行合作与交流，并对其他小组提出质疑。

（四）表达交流

探究活动结束得出结论后展示探究结果，学生进行小组交流、组间交流等，在课堂的小组探究结果展示表达过程中以组间交流为主，教师适时加以点拨和鼓励。交流内容不但要涉及探究结果，更要探讨学生的探究精神与探究态度、探究方法与创新能力、探究行为习惯等。本环节体现了"绿色教学"中"人与人、人与环境"的和谐。

（五）总结评价

总结是学生元认知能力发展的训练点与升华点，经常性的总结能够帮助学生控制自己的学习，达到策略性学习的层次。在总结的基础上让学生学会自我评价、自我悦纳，提高自我效能感，并且能合理评价自己与他人的实验结果，并反思实验中的不足，提出相应的改进措施，体现了可持续发展理论和人本主义理论。在学生总结时，教师要做到精准点拨，起到画龙点睛的作用，帮助学生将知识要素整合，体现内在关系，完成认知建构，同时还应煽情，达到升华的功效，使每个学生都有一种成功感。这是愉快学习的心理基础，驱使学生自主探究，由此形成了一个愉快学习的良性循环。

（六）应用迁移

学习迁移的实质是将学习过的东西应用在新的情境中。通俗地说，就是举一反三，触类旁通。学习迁移能力是学生可持续发展的重要条件，不仅可以提高课堂教学的效益，而且能为学生的终身学习和解决实际问题打下良好基础，完成认知建构，为迁移提供有效的支撑。学生在探究活动完成后，培养了科学探究素养，获得科学探究能力，以后再遇到同类型习题便能触类旁通，迎刃而解。

二、核心素养下高中生物实验教学案例

（一）案例一："用高倍显微镜观察叶绿体和线粒体"实验

教学实践过程是科学探究教学模式体现的关键，主要内容是对教学活动的设计和各种教学资源的选择。此外，教师在教学过程中的组织也是十分重要的。教学过程设计的关键在于"探究"二字，如何才能体现"探究意识""探究活动""探究精神"，这离不开精

心的活动设计。我们可以采取问题串的方式或情境教学的方式导入新知，引发学生的思考，提出探究性的问题，在提出问题的基础上做出合理的猜想与假设，然后引导学生进一步制订探究计划、实施探究方案，并在合作探究之后将获取的现象或数据科学地进行处理，得出该探究活动的结论，在此基础之上进行交流，最后对成果进行评价，课后进行反思改进，同时用习题检测对这节课知识的掌握程度。

1.教材分析

"用高倍镜观察叶绿体和线粒体"是人教版生物必修一《分子与细胞》中第3章第2节"细胞器——系统内的分工合作"中的实验内容，通过本节的学习，要使学生从系统的角度来认识细胞，更好地掌握叶绿体和线粒体的结构特点。由于肉眼无法看到细胞器的存在，因此仅仅通过理论知识无法让学生深刻记忆细胞器的真实存在，本节实验课有利于增加学生对叶绿体和线粒体的直观认识。

2.学情分析

高一学生在初中的生物学习中已经对细胞的基本结构有所了解，在高中已学过的生物课中也已经知道了细胞是生命活动的基本单位，掌握了组成细胞的元素和化合物等知识，并具备了关于细胞膜的相关知识储备，这为本节内容的学习创造了良好的条件。本实验是教材中的第5个实验，在前面的4个实验中，学生已经初步掌握了高倍镜的使用方法以及临时装片的制作方法，通过本实验，能进一步训练与加强学生的实验能力。但由于细胞器微观而抽象，给学生的进一步学习带来了一定的困难，因此本节课利用多媒体辅助教学，让学生动手操作、观察，激发学生的学习兴趣与探究精神。

3.教学目标

（1）知识目标

说出实验的原理；概述叶绿体和线粒体的形态结构和分布特点。

（2）能力目标

掌握制作临时装片的方法；正确使用高倍显微镜观察叶绿体和线粒体。

（3）情感目标

体会合作学习的乐趣；形成生命观念，培养科学探究的精神；建立细胞结构和功能相适应、部分与整体统一的观点。

4.教学重难点

（1）教学重点

高倍镜的使用；叶绿体和线粒体的形态结构和分布特点。

（2）教学难点

临时装片的制作。

5.教学方法

主要是实验教学法、辅以演示法、讲述法。

6.课前准备

（1）材料用具

处于生活状态的黑藻叶、新鲜菠菜叶、紫色洋葱皮等；新配制的质量分数为1%的健那绿染液、生理盐水；显微镜、载玻片、盖玻片、滴管、镊子、消毒牙签、水浴锅等。

（2）教师准备

提前进行预实验，获悉实验中可能发生的情况，并想出解决办法；拍摄示范用的叶绿体和线粒体照片，课堂上通过PPT展示；设计好教学课件，在黑板上写好板书，节约课堂时间；制作实验导学案，在课前分发给学生。

（3）学生准备

对学生进行分组，4人一组，并选出小组长；提前以小组为单位在校园或食堂等处选择并准备要观察的材料；预习教材中的实验，每组进行思考、讨论，针对不同的材料探讨应该如何改进实验方法和步骤。

7.教学过程

【导入新知】

师：上节课我们学习了含有色素的细胞器有哪些，我们能否用光学显微镜观察到这些细胞器？

生1：能观察到叶绿体，因为叶绿体里面含有绿色素。

生2：能观察到大液泡，因为液泡很大，里面含有有色物质。

师：在高倍显微镜下还能观察到哪些细胞器？能直接观察吗？为什么？

生3：能观察到线粒体，但是不能直接观察得到，因为线粒体是透明的，需要染色才能看。

设计意图：使学生在回顾知识点时自然地引出实验对象，为实验材料的染色处理埋下铺垫。

师：针对这些细胞器，我们要如何用显微镜进行观察？请同学们回忆一下高倍镜显微镜的操作要诀。

生（全体）："五字"（按顺序回答）。

①"转"：转动反光镜使视野明亮；

②"找"：在低倍镜下找到清楚物像；

③"移"：把需要放大观察的物像移至视野中央；

④"换"：转动转换器，换成高倍物镜观察；

⑤"调"：用细准焦螺旋调焦。

师：低倍镜换高倍镜后禁止动"粗"。

设计意图：以幽默的语言方式强调换上高倍物镜后禁止转动粗准焦螺旋，委婉提醒学生，又能让学生铭记在心。

师：学习了细胞器的理论知识，我们就来看看真正的细胞器的形态结构以及分布情况是什么样的，大家想看哪种细胞器？

生4：线粒体。

生5：大液泡。

生6：叶绿体。

生7：细胞核。

······

【确定问题】

师：呼应章节内容，第五章即将讲到能量转换器，所以我们这节课来探究能量转换的两种细胞器，是哪两种？

生（全体）：叶绿体和线粒体。

设计意图：通过创设情境使学生提出问题；确定探究问题。

（1）实验目的

师：所以，我们这节课的实验目的就是用高倍显微镜观察叶绿体和线粒体的分布和形态。

（2）实验原理

师：我先来检查一下大家有没有完成实验导学案，齐声说出实验原理是什么？

生（全体）：叶绿体主要存在于细胞质中，呈绿色、扁平的椭球形或球形，体积较大，可以在高倍镜显微镜下观察它的形态和分布；活性染料健那绿可以使线粒体呈现蓝绿色，而细胞质呈现无色。

设计意图：有利于接下来的教学活动顺利开展。

（3）实验材料选择

①叶绿体。

师：是不是所有生物都有叶绿体？那么，我们应该从哪里选取实验所需的叶绿体？这里有两种材料——黑藻叶和紫色洋葱，你们选择哪种？为什么？

生8：不是所有生物都有叶绿体。我们应该从绿色植物的叶肉细胞里面选取叶绿体。两种材料中，应选择黑藻叶，因为黑藻叶是植物，植物细胞里面含有叶绿体。

生9：因为洋葱是紫色的，会影响颜色相互反应，避免影响实验效果，所以选黑藻叶。

设计意图：引发学生自主思考，也可以使学生回顾旧知识点，如制作人口腔上皮细胞的要领是滴加生理盐水等。

②线粒体。

师：所有细胞里面都含有线粒体吗？为什么？那么，既然动植物都含有线粒体，我们应该选择哪种材料进行观察更好呢？（同学们回答动物细胞中的人口腔上皮细胞）

同学们说对了，因为有些植物细胞里面含有色素，会影响实验结果效果，我们就选取动物细胞中的人口腔上皮细胞，口腔细胞很容易获取。

生10：所有细胞里面都含有线粒体，因为线粒体是细胞进行有氧呼吸的主要场所，而且动物细胞内的线粒体更多。

生11：动物细胞更好，因为植物细胞的细胞器含有色素，动物细胞内没有含色素的细胞器，避免使用干扰。相比植物细胞，动物细胞器的种类更少。

师：同学们说得很棒，因为有些植物细胞里面含有色素，会影响实验结果的效果。因此，我们可以选取动物细胞中的人口腔上皮细胞，因为口腔细胞很容易获取。

（4）实验设计

师：请几位同学来说一说具体是怎么设计实验步骤的。

生12：观察叶绿体，第一步先制作装片，在载玻片中先滴加一滴清水，选取黑藻叶片一小块放到盖玻片上，在低倍镜下找到细胞，然后转换高倍镜观察。

生13：观察线粒体，制作口腔上皮细胞装片时，先在载玻片上滴一滴健那绿染液，用消毒牙签在口腔内壁刮几下，然后把牙签放到健那绿里面涂几下，盖上盖玻片观察。

教师进行点评，引导学生思考。

设计意图：培养学生设计实验方案的能力。

（5）实验要点

师：制作观察叶绿体的装片和制作线粒体的口腔上皮细胞装片有什么不同？为什么？

生14：制作口腔上皮细胞装片时要记得滴加生理盐水，因为生理盐水的浓度和人体细胞的细胞质的浓度基本一致；而制作叶绿体装片滴加清水即可，使叶片保持活性，因为我们要观察活细胞。

生15：因为我们要观察活细胞中的叶绿体，叶绿体在细胞中是呈流动的状态。

设计意图：在课件上展示叶绿体和线粒体的形态结构示意图，有利于学生结合示意图有目的地进行实验观察。

师：同学们回答得都很棒，因为实验中要用到健那绿染液，这种染液是将健那绿加在生理盐水中，所以本实验不用额外滴加生理盐水。观察叶绿体的临时装片中的叶片不能放干，一定要保持有水的状态。在制作口腔上皮细胞时要注意安全，不要被牙签戳到肉，轻轻地刮自己的口腔内壁，不要太大力。

学生思考之后做笔记。

设计意图：讲述实验要点，让同学们避开错误操作。

【合作探究】

（1）实验操作

师：现在请同学们两两一组，根据教材或者PPT上的实验步骤，一步步进行实验操作。

（2）错误做法

①没有盖盖玻片。

②没有在低倍镜找到细胞再转换高倍镜，直接用高倍镜。

③健那绿滴加量太多，细胞染色过度，观察不到线粒体。

④转换高倍镜之后调节粗准焦螺旋。

⑤植物叶肉取太厚，观察不到叶绿体。

设计意图：学生按照步骤进行实验操作，教师随时观察学生的操作是否规范、安全，并及时给予指导和帮助，培养学生实施计划的能力。

（3）成果展示

师：各位同学有没有看到线粒体和叶绿体在细胞中的分布？

生16：看到了，我们在细胞质中看到很多绿色的椭圆形或球形的小颗粒；在口腔上皮细胞装片中可以看到蓝绿色的线粒体。

师：在高倍显微镜下，能看到叶绿体和线粒体和的内部结构吗？为什么？

生17：不能，光学显微镜的放大倍数不够，要在电子显微镜下才能看到线粒体和叶绿体内部的结构。

师：现在同学们可以相互走动，看看其他小组的实验效果，分享讨论，对比各自的实验现象。

生18：其他小组的染色效果比我们组的更好一些，可能是我们加多了健那绿；他们的叶绿体看起来更清晰，应该是我们选的叶片太厚；他们更熟悉高倍显微镜的操作方法。

设计意图：教师引导学生总结叶绿体和线粒体在细胞中的形态和分布，培养学生交流合作的能力、正确评价的能力；使学生提高自我效能感。

教师引导学生得出结论。

生19：叶绿体和线粒体都主要分布在细胞质中，不同的是叶绿体呈绿色，球形或椭球形；线粒体有短棒状、圆球状等，线粒体经染色后呈蓝绿色；而细胞质呈无色。

设计意图：培养学生得出结论的能力。

【表达交流】

师：在实验过程中，还是有一些同学的实验操作不够规范，也有一些同学做得很好，请同学们来点评一下自己的实验，有没有同学举手上台来说说？

生20：我忘记从低倍镜转成高倍镜，直接从低倍镜观察，所以找了很久的视野都没有找到。最后还是同学提醒我，然后观察到了实验结果。

生21：观察黑藻叶临时装片时，我忘记要滴加清水，所以叶片有点干了。

生22：我刮取的口腔上皮细胞太多了，观察装片时有点看不清。

生23：我选用的是菠菜叶进行叶绿体的观察，由于叶片太厚而以至于观察不到。

生24：健那绿染液用量控制不好，滴加过量了，所以看起来是一团蓝色，分不清线粒体和细胞质了。

设计意图：培养学生表达与交流的能力，锻炼学生语言组织的能力。

【总价和评价】

师：同学们说到的这些问题都是存在的，但整个实验中，大家的表现还是很不错的，希望你们下次能做得更好。请同学们课后对比自己的实验结果，反思并改进自己的实验过程。

师：实验结束，请收拾好材料用具。

学生将材料用具归位，清洗实验室。

设计意图：培养学生养成良好的实验习惯，做好实验室卫生。

【应用迁移】

师：课后将实验习题完成。

生（全体）：是。

（二）案例二："影响酶活性的条件"实验

本实验是一个探究性实验，教学过程中，教师采取情境教学的方式导入新知，引发学生的思考，提出探究性的问题，在提出问题的基础上做出合理的猜想与假设，然后引导学生进一步制订探究计划、实施探究方案，在合作探究之后将获取的现象或数据用科学的方法处理，得出该探究活动的结论。在此基础之上进行交流，最后对成果进行评价，课后进行反思并改进，同时用习题检测这节课的知识掌握程度。以下是实验"影响酶活性的条件"的教学设计。

1.教材分析

"影响酶活性的条件"是人教版高中生物必修1第五章第1节第二框"酶的特性"中的实验内容。实验目的是让学生进行有关的实验探究，学会控制变量、检测因变量等，从而加深对酶的本质和作用的认识，提高学生提出问题、设计实验、分析推理、合作交流等能力，有利于为今后探究性学习的开展和教材后续内容的学习打下基础。

2.学情分析

高一学生在学习本节课之前，已经学习了酶的化学本质、酶在细胞代谢中的作用，以及酶的特性是高效性和专一性，对酶的认识有了一定的知识基础，学生在之前的实验中也具备了一定的发现问题、提出问题、做出假设和制订实验计划的能力，掌握了探究实验的基本步骤，学生喜欢做实验，但动手能力相对较弱。学生在分析实验和设计实验等环节中都还缺乏训练，让学生对"影响酶活性的条件"这个实验进行实验方案的设计。另外，学生在做实验时，只注重过程的操作，不注重对实验结果进行分析，因此课堂上安排学生收集对酶的检验数据时，同时锻炼了学生分析数据的能力。

3.教学目标

（1）知识目标

①说明酶的特性，举例说出影响酶活性的条件。

②准确分析温度和pH对酶活性的影响曲线。

（2）能力目标

①设计"温度或pH对酶活性的影响"的实验方案。

②进行"影响酶活性的条件"的实验操作，培养学生的动手操作能力。

（3）情感目标

体验科学研究过程，培养科学情感和科学态度；在探究过程中培养探索精神和团体合作精神；体验科学探究的成功与失败，形成客观、良好的自我认知和自我评价。

4.教学重难点

（1）重点

建构酶的特性知识体系；探究影响酶活性的条件；动手操作"探究酶的专一性"的实验。

（2）难点

设计"温度或pH对酶活性的影响"的实验方案。

5.教学方法

主要选用实验教学法、辅以演示法、讲述法。

6.教学准备

（1）材料用具

加酶洗衣粉，实验室准备淀粉溶液、淀粉酶溶液、盐酸溶液、NAOH溶液、水、水浴锅、试管、烧杯等。

（2）教师准备

提前进行预实验，获悉实验中可能发生的情况并想出解决办法；课堂上通过PPT展示；设计好教学课件，黑板上写好板书，节约课堂时间；制作实验导学案，于课前分发给学生。

（3）学生准备

对学生进行分组，4人一组并选出小组长；预习教材，每组进行思考讨论，设计"影响酶活性的影响"的实验方案。

7.教学过程

【导入新知】

师：我找了一些生活中的物品，请同学们来说说这些都是什么。（各小组派代表上台来介绍该物品，并介绍其使用说明）

生1：雕牌洗衣粉是一种加酶的洗衣粉，这些酶可以有效地清除衣物上的污渍，而且对人体没有危害，不会污染环境。

生2：多酶片是一种含多种消化道酶的药，主要是用来助消化的。

生3：溶菌酶含片是含有溶菌酶的一种药，主要用于治疗急慢性咽喉炎、口腔溃疡。

设计意图：贴近生活的情境能活跃课堂气氛，激发学生的求知欲。

师：我们可以发现，这些都是生活中的一些常见的酶产物，大家有没有想过，为什么我们要在这些东西里面加酶呢？是不是任何酶加在任何东西里面都是同一个效果？

生4：酶具有降低化学反应的活化能的作用，所以肯定是因为酶具有催化作用，所以应用到这些产品里面能够加快反应速率。

生5：不同的酶肯定不能催化同样的东西，这几样东西里面加的也是不一样的酶，如溶菌酶含片是溶菌酶，多酶片添加的是几种消化道的酶。

设计意图：用问题串的形式带领学生进入新课内容。

师：同学们答对了，酶是一类具有催化作用的物质，准确来说，酶是活细胞产生的具有催化作用的有机物，而且绝大多数酶是蛋白质。那么，上节课我们已经学习了酶的作用和本质，这节课我们就来学习酶的特性。

设计意图：回顾旧知识，引出新知识。

师：根据同学们刚刚的回答，以及前面学过的过氧化氢在不同条件下的分解实验，请同学们自己总结一下酶的特性。

生6：高效性，加酶比不加酶反应速率会快很多。

生7：专一性，每一种酶只能催化一种化学反应。

师：酶的催化效率非常快，而且每一种酶只能催化一种或一类化学反应，就像一把钥匙只能开一个特定的锁。（同步解读课件，每一种酶的分子结构都有特定的活性部位，这个活性部位就是酶具有专一性的原因。形象的解释可以让学生更容易理解教学内容，加

深记忆）

【确定问题】

师：许多无机催化剂能在高温、高压、强酸或强碱条件下催化化学反应。酶起催化作用需要什么样的条件呢？影响酶活性的条件是什么？

生8：影响酶活性的条件可能是温度和pH。

设计意图：培养学生提出问题的能力。

【制订计划】

师：接下来以小组为单位，从"探究温度对酶活性的影响"和"探究pH对酶活性的影响"这两个课题中选择一个作为自己小组的研究课题，小组合作设计实验方案。

小组成员合作，讨论自己的实验方案，各小组针对评价标准，对自己的实验方案进行修订。

各小组展示实验方案。

第一小组：

"探究温度对酶活性的影响"第一种实验方案

①取3支试管，编号A、B、C，先分别注入2mL可溶性淀粉溶液，然后分别放入冰水混合物、温水（约37℃）、热水（约在适宜的80℃）中，维持各自的温度不变；②向A、B、C试管中分别注入1mL新鲜淀粉酶溶摇匀后，维持各自的温度5min；③在A、B、C试管中各加入等量的碘液，冷却，观察并记录这3支试管中溶液颜色的变化。

第二小组：

"探究温度对酶活性的影响"的第二种实验方案

①取3支试管，编号A1、B1、C1，然后分别注入2mL可溶性淀粉溶液；再取3支试管，编号A2、B2、C2，然后分别注入1mL新鲜

淀粉酶溶液；将A1和A2放入冰水混合物中，B1和B2放入温水（约37℃）中，C1和C2放入热水（约80℃）中，维持各自的温度5min；②分别将A1、B2、C2试管中的溶液倒入A2、B2、C2三支试管中，摇匀后维持各自的温度3min；③在A2、B2、C2试管中各加入等量的碘液，冷却，观察并记录这三支试管中溶液颜色的变化。

第三小组：

"探究pH对酶活性的影响"的实验方案

①取3支试管，编号A、B、C，然后分别注入2mL可溶性淀粉溶液；分别往三支试管中加入2mL盐酸溶液、清水、NaOH溶液；②向A、B、C试管中分别注入1mL新鲜淀粉酶溶液；摇匀后，在相同的适宜温度条件下维持5min；③在A、B、C试管中各加入等量的斐林试剂，将三支试管放到60℃水浴锅加热2~3分钟，取出观察这3支试管中溶液颜色的变化并记录结果。

设计意图：开展小组合作探究，增强学生的团队合作意识，培养学生在设计实验、动手实践及制订计划、合作与交流等方面的能力。

【合作与交流】

师：接下来，各小组首先对自己的实验方案进行自评。进行这两个实验方案设计评价的关键有以下四个方面：一是看自变量（温度和pH）的设计，是否形成合理的对照；二是看对照，在设计中是否遵循了单一变量原则；三是看温度或pH条件的控制是在酶和底物混合之前还是之后，哪一种更为科学；四是看因变量是否可以测定或容易描述。

【合作探究】

师：接下来，各小组动手操作完成自己设计的实验，并记录自己的实验数据。请学生把自己记录的实验数据，在直角坐标系中以曲线的形式展现出来。现在你们从实验现象和已有的数据中可以得到什么结论?

学生小组合作,完成自己设计的实验。在直角坐标系中描点绘图,绘制自己的数据曲线。80℃时,酶失去活性;0℃时,酶的活性降低;37℃时,酶的活性最强,说明温度过高会使酶失活,温度过低会降低酶活性。pH为7的时候,酶活性最强,pH为0或12时,酶的活性为0,说明过酸或过碱会使酶失去活性。

设计意图:培养学生的实验操作能力、搜集信息能力、实施计划的能力、得出科学结论能力。

【表达交流】

师:请每个小组各派一名代表上台来讲述一下本组的实验结果、实验现象,然后我们一起来讨论一下实验过程的操作,有疑问的地方就问老师或同学。

其他小组对该小组的发言进行补充。

设计意图:培养学生合作与交流、表达与组织语言的能力。

【总结和评价】

师:现在请同学们相互评价一下组内成员以及其他小组的实验完成情况。

生9:我们在实验过程中忘了计时,这是我们在实施计划中的纰漏,下一次我们要注意。我们隔壁组有两个人一起计时,这样安排得很妥帖。

生10:我们组在控制变量的环节没有做好,每个试管加的量没有一致,影响了实验结果。

最后教师进行总结。

设计意图:提高学生的自我效能感,让学生快乐学习,学会学习。

第五章　核心素养下基于模型的高中生物教学

第一节　相关概述

一、生物学核心素养

2014年教育部《关于全面深化课程改革落实立德树人根本任务的意见》中提出了核心素养概念。核心素养是指学生应具备的、能够适应终身发展和社会发展需要的必备品格和关键能力，综合表现为以下六大素养。

第一，人文底蕴。主要是学生在学习、理解、运用人文领域知识和技能等方面所形成的基本能力、情感态度和价值取向。具体包括人文积淀、人文情怀和审美情趣等基本要点。

第二，科学精神。主要是学生在学习、理解、运用科学知识和技能等方面所形成的价值标准、思维方式和行为表现。具体包括理性思维、批判质疑、勇于探究等基本要点。

第三，学会学习。主要是学生在学习意识的形成、学习方式方法的选择、学习的进程评估调控等方面的综合表现。具体包括乐学善学、勤于反思、信息意识等基本要点。

第四，健康生活。主要是学生在认识自我、发展身心、规划人生等方面的综合表现。具体包括珍爱生命、健全人格、自我管理等基本要点。

第五，责任担当。主要是学生在处理与社会、国家、国际等关系方面所形成的情感态度、价值取向和行为方式。具体包括社会责任、国家认同、国际理解等基本要点。

第六，实践创新。主要是学生在日常活动、问题解决、适应挑战等方面所形成的实践能力、创新意识和行为表现。具体包括劳动意识、问题解决、技术应用等基本要点。

核心素养不只是适用于特定情境、特定学科或特定人群的特殊素养，而是人的最普遍、最关键、最必要的素养，是知识、技能和情感态度价值观的综合表现。它突出强调个人修养、社会关爱、家国情怀，更加注重自主发展、合作参与、创新实践。从价值取向上看，它"反映了学生终身学习所必需的素养与国家、社会公认的价值观"[①]。从指标选取上看，它既注重学科基础，也关注个体适应未来社会生活和个人终身发展所必备的素养。

国内不同的学者和网站基于核心素养的内涵，从生物学科本身的研究内容和特点提出了生物学核心素养，内容包括以下四点。

第一，生命观念。主要是指对观察到的生命现象及相互关系或特性进行解释后的抽象，是经过实证后的想法或观点，有助于理解或解释较大范围的相关事件和现象。学生应该在较好地理解了生物学概念性知识的基础上形成生命观念，如结构与功能观、进化与适

---

① 秦秉乾.浅谈核心素养下高中生物实验教学的目标与策略[J].青少年日记：教育教学研究，2019（11）：103.

应观、稳态与平衡观、物质与能量观等，并能够用生命观念认识生命世界、解释生命现象。

第二，理性思维。主要是指崇尚并形成科学思维的习惯；能够运用归纳与概括、演绎与推理、模型与建模、批判性思维等方法探讨生命现象及规律，审视或论证生物学社会议题。

第三，科学探究。主要是指能够发现现实世界中的生物学问题，针对特定的生物学现象，进行观察、提问、实验设计、方案实施以及结果的交流与讨论。在开展不同的工作中，都乐于并善于团队合作。

第四，社会责任。主要是指生物学科的社会责任是指基于生物学的认识参与个人与社会事务的讨论，做出理性解释和判断，尝试解决生活生产中的生物学问题的担当和能力。学生应能够关注涉及生物学的社会议题，参与讨论并做出理性解释，辨别迷信和伪科学；主动向他人宣传健康生活、关爱生命和保护环境等相关知识；结合本地资源开展科学实践，尝试解决现实生活中与生物学相关的问题。

二、生物学模型

模型是人们按照特定的科学研究目的，在一定的假设条件下，再现原型客体某种本质特征（如结构特性、功能、关系、过程等）的物质形式或思维形式的类似物。作为一种现代科学认识手段和思维方法，模型具有以下两方面的含义：一是抽象化；二是具体化。一方面，我们可以从原型出发，根据某一特定目的，抓住原型的本质特征，对原型进行抽象、简化和纯化，建构一个能反映原型本质联系的模型，进而通过对模型的研究获取原型的信息，为形成理论建立基础。另一方面，高度抽象化的科学概念、假说和理论要正确体现其认识功能，又必须具体化为某个特定的模型，才能发挥理论指导实践的作用。所以，模型作为一种认识手段和思维方式，是科学认识过程中抽象化与具体化的辩证统一。

高中生物必修一《分子与细胞》教材对"模型"的定义是："模型是人们为了某种特定目的而对认识对象所做的一种简化的描述，这种描述可以是定性的，也可以是定量的；有的借助于具体的实物或其他形象化的手段，有的则通过抽象的形式来表达。"[①]主要有以下三种模型：一是物理模型，以实物或图画形式直接表达认识对象的特征；二是概念模型，是指以文字表述来抽象概括事物本质特征的模型；三是数学模型，根据具体情景，抽象出数学规律，并用公式或图表的形式表达。建立模型的过程，是一个思维与行为相统一的过程。通过对科学模型的学习研究来推知客体的某种性能和规律，借助模型来获取、拓展和深化对于客体的认识的方法，就是科学研究中常用的模型方法。基于模型的高中生物学习研究是以模型为载体，以构建模型、运用模型为策略，通过小组合作探究学习，借助模型的构建、评价、迁移与利用等组织策略，实现对于高中生物内容的学习，达成学生学习的三维目标，提升学生生物学核心素养。

三、理论依据

（一）认知心理学理论

人的知识经验既包括概念系统，又包括表象。前者有概念、原理、规律、理论，后者包含观念和印象。当代不少学者都主张把表象看作一种符号要素，与语言等其他符号要素一样具有抽象、概

① 陈莎莎，李洪育.通过模型建构打造生物高效课堂[J].中学生物学，2014，30（009）：13-15.

括、组合和再组合的功能，因而能构成思维的操作。所以，模型提供的观念和印象，不仅是学生进一步获取系统知识的条件，而且是学生认知结构的重要组成部分。借助认知心理学理论，让学生依据模型进行观察、比较、讨论、总结，通过一系列的互动交流，可以培养学生的分析、归纳能力，批判性思维等理性思维能力，促成学生生物学核心素养的养成。

（二）信息加工理论

"建构模型"的理论依据是心理学中记忆的信息加工理论。根据信息加工理论，"建构模型"过程也就是建立知识联系、提高知识理解水平和优化知识结构的过程，可以有效促进知识的意义建构和有效储存，同时也为信息的迅速提取提供有效的提取线索。"建构模型"的应用是调取知识信息解决问题的过程。"建构模型"有利于信息提取通道的顺畅，实现知识的迅速再现，同时又会进一步提升对知识的加工水平，增强对知识本质的认识、调整知识储存形式。"建构模型"的应用过程也是能力的形成过程。能力是在"建构模型"活动的基础上通过知识的迁移来实现，同时能力的形成又会反过来促进"建构模型"。作为课堂教学中起主导作用的教师，可以依据信息加工理论为学生的模型构建、评价、应用提供丰富的加工素材，通过学生的判断、选择、应用，促成学生对于模型的构建，训练学生的科学探究思维、方法、能力和精神。

（三）建构主义理论

建构主义学习观认为，首先，学习是一个积极主动的建构过程。学习者不是被动地接受外在信息，而是主动地根据先前认知结构注意和有选择性地知觉外在信息，建构当前事物的意义。其次，这种建构过程是双向性的。一方面，通过使用先前知识，学习者建构当前事物的意义，以超越所给的信息，衍生出更多的信息；另一方面，被利用的先前知识不是从记忆中原封不动地提取，而是本身也要根据具体实例的变异性而受到重新建构。由于要进行这种双向建构，学习者必须积极参与学习，必须时刻保持认知的灵活性。最后，学习者的建构是多元化的，由于事物存在复杂多样性、学习情境存在一定的特殊性以及个人的先前经验存在的独特性，每个学习者对事物意义的建构将是不同的。当代美国心理学家凯利认为，个人建构过程有以下五层含义：其一，个人建构是不断发展、变化和完善的，可推陈出新，不断提高。其二，个人建构因人而异，现实是各人所理解和知觉到的，面对同一现实，不同的人会有不同的反应。其三，在研究人格整体结构的同时，不能将其组成部分弃于一端，而应努力做到整体与部分、形式与内容的有机统一。其四，当人们总用已有的建构去预期未来事件时，不可避免地要遇到一些困难和麻烦，新的信息和元素需要加入原有的建构之中。其五，强调一个人要获得一种同现实十分一致的建构体系绝非轻而易举，要经过大量的探索和试误过程。[①]

教学过程要重视学生对过程的参与、亲历，要关注学生的经验背景和意义网络，要注重情境的创设。著名的认知心理学家安德森认为，通过多种方式应用我们从自己的经验中获得的知识，认知才得以进行。[②]理解知识如何应用的前提是理解它是如何在人脑中表征的。与以往的学习理论相比，建构主义突出表现出了三方面的重心转移——从关注外部输入到关注内部生成、从"个体户"式的学习到"社会化"的学习、从"去情境"的学习到"情境化"的学习。

---

① 陈荣华.双向建构教学法："361课堂"的探索[J].新课程：综合，2011（4）：67-68.
② 黄璨，龚娟熙.理解概念重在建立恰当的心理表征[J].中学化学，2009（3）：1-2.

在核心素养背景下基于模型的高中生物学习策略研究过程中，通过生活化问题情境的创设、条件的设置、信息的补充，让学生主动构建模型；也可以通过教师提供丰富的构建材料，让学生亲历参与、亲历操作、亲历体验，从生活中来、到生活中去，激发学生的学习兴趣、提升学生的生物学核心素养。

（四）小组合作探究学习理论

小组合作探究学习又称"协作探究学习"，是当今国内外呼声最高的学习理论之一。许多学习理论都在提倡学生之间的合作。小组合作探究学习与竞争性学习、个体化学习以及小组学习既有联系也有区别。小组合作探究学习的必备要素有共同的任务、积极的相互依赖、面对面的促进性交互、个体责任、人际交往技能、小组加工。小组合作探究学习的意义不仅体现在促进学生智力方面，也体现在非智力方面的发展。小组合作探究学习是指学生为了完成共同的任务，有明确的责任分工的互助性学习。小组合作探究学习鼓励学生为集体的利益和个人的利益而一起工作，在完成共同任务的过程中实现自己的理想。

四、实施意义

（一）促进学生生物学科学习方式的转变和学习兴趣的提升

通过基于小组合作学习的模型构建和应用，让学生体验生物世界生命之美和生物学习成就感，转变学生学习方式——动手实践、交流互动、评价改进、自主开发，凸显学生的主体地位，充分发挥学生的创造性和积极性，培养学生的科学精神和创新实践能力，提升生物学科学习兴趣。

（二）提升学生的生物学核心素养

学生围绕模型学习，通过对模型的观察、构建、创新、完善、评价等方式以小组合作探究的形式，在主动、独立、独特、体验、协作和问题的情境中完成学习任务，达成学习目标，在一定程度上发展生物学科核心素养。

（三）丰富基于模型的高中生物学习策略

基于模型的高中生物学习研究，使教师在针对高中生物不同的教学内容时能够以模型构建为主线，通过模型的构建、评价、完善等活动的完成，为学生提供一定的高中生物学习策略，同时形成一定的教学案例、策略。

（四）促进教师专业素养的不断提升

组织学生开展基于模型的高中生物学习，需要教师根据教学内容进行分析，如怎样建构、修改、评价模型，通过收集资料、分析学生、实践研究、反思总结，不断发现问题、解决问题，从而实现自我专业知识的提升、反思能力的加强、终身学习意识的养成。同时，在基于模型的学习过程中，学生以小组合作探究形式开展学习，可以促进教师树立良好的教学观念和教育理念，促进优秀教师群体的不断壮大。

第二节　核心素养下基于模型的高中生物教学策略

一、基于模型构建提升核心素养的学习策略

（一）以小组合作学习方式构建模型提升核心素养

在基于模型的高中生物学习教学过程中，通过合作学习的教

学策略不失为一种良好的学生之间的互动模式。因为不管是物理模型、数学模型还是概念模型，所有的构建都需要进行前期准备、头脑风暴、充分讨论、动手实践或改进，这些工作的完成仅凭一己之力，难度可想而知，也不是新课程倡导的模型构建学习的初衷。而利用小组合作学习，在合作学习过程中由于每个小组都有着明确的学习任务和精细的小组分工，组与组之间又有着竞争关系，所以通过小组合作共同完成模型构建的过程中，学生体验团队合作的价值和意义，促进整体意识、社会责任感的提升。

小组合作学习模式是指学生在小组中为了完成共同的任务，有明确的责任分工的互助性学习。小组合作学习要求组间同质、组内异质。组间同质是为了保证小组之间的公平竞争，组内异质是为了保证小组内部成员之间的相互合作，个性发展。

在合作学习教学策略中，学生是主体，是主角；小组各成员各司其职、分工协作。小组合作模式的基本结构为：教师启动（小组合作的前提）—个人自学（小组合作的基础上小组讨论、小组合作的主体上大组交流、小组合作的关键上练习评定）—小组合作的检验。在合作学习过程中，小组成员的座位经过策略性的安排鼓励他们进行面对面的交流。主动的相互依赖导致学生之间促进性的互动。促进性的互动是小组成员之间相互鼓励和促进各个成员为完成任务而做出的努力，以最终实现小组共同的目标。成员之间促进性互动的产生需要积极的人际关系、心理调节和社交能力，促进性互动体现在小组成员之间提供富有成效的帮助和协助。例如，互相交换对方需要的资源、信息和材料；帮助同伴更加有效地处理信息；为同伴提供信息反馈以促进后续工作；对同伴的结论和推理过程提出质疑，以帮助同伴做出质量更高的结论，或者以更宽的视野考虑问题；提倡为达到共同的目标而尽力，互相促进，努力实现小组目标；使自己的行为值得同伴信赖；以低水平的焦虑和心理压力维持较好的心理状态等。

同时，合作学习离不开适当地运用人际间的社会协作技能，合作和矛盾总是同时存在的，为了搞好协作，学生必须要学会相互理解与相互信任、正确而明晰地进行沟通、互相接受且互相支持、建设性地解决矛盾。这样，通过小组合作学习，同学间的感情得到增进，人际关系得到加强，并通过讨论了解同学的见解，学习他人优点，发挥个人专长，使其技能得到增长，适应社会的能力得到提升，更能意识到在社会角色中应担当的责任。

（二）基于生活化的问题情境构建模型提升核心素养

随着新课程标准的提出，学生在学习过程中的主体地位将越来越得到尊重和凸显，整个教学活动也将围绕学生这一中心来开展。教学思维、教学方法的改变也必将对三维教学目标的实现带来一次全新的挑战。学生学习的主阵地是课堂，要在课堂中能够参与个人与社会事务的讨论，做出理性理解和判断，并尝试解决生产生活中的生物学问题，这就需要教师能够在课堂中联系生活、联系实际。

在对高中生学习生物学的学习状况和学习心理的调查结果中显示，高中生学习生物学的三大主要学习动机（考试成功、独立学习、问题解决）中，"问题解决"（如理解问题解决的过程，区分事实、原理和学说，探知未知世界）在促使学生学习生物学的各种动力当中所起的作用最为重要。以上结果说明，我们的学生在学习生物学时，推动其学习的主要动力是内在动力，即发自学生内心的强烈的求知欲。因此，教师在教学过程中，如果能够创设适当的问题情景，很好地利用并激发学生的这种求知欲，便可以让学生自主地投入学习过程中，真正地成为学习活动的主体。这样不但可以提高教学效率、课堂利用率，而且有利于培养学生的创造性思维能力和创新精神，促进学生的全面发展。

由于生物学科本身的特点是研究生命现象和生命活动规律，同时人也是作为一种生物体存在于现实生活中，所以在生物学教学过程中创设问题情境有其自身的优势发挥。通过对已知生活中的生命活动和生命现象对应的问题情境创设，引起学生的认知冲突，点燃学生的智慧火花，激发学生的求知欲，从而使知识、技能、情感和价值观的三维目标能够很好地实现。以具有生活化的现实问题情境作为线索开展教学，进行模型的建构，在模型构建、问题解决过程中，实现对于现实问题的解决，并能够用生物学问题解释现实生物学现象、做出判断，提升社会责任心。例如，在人教版高中生物必修二第5章第2节"染色体变异"的教学中，教师以四倍体草莓作为背景资料引入，创设问题情境："与正常草莓相比，为什么这个新的草莓品种能够长得如此大、营养物质含量如此丰富呢？"由学生研究问题解决方式，以此引出对于遗传物质的研究，以小组合作形式开展学习进行染色体组物理模型的构建，通过物理模型构建，达成对问题的解决和知识内容的掌握，并且在学习完本节内容后能够用染色体组、多倍体的概念去解释生物学现象，体验生物学知识的价值和意义，提升社会责任。又如，在人教版高中生物必修二第5章第1节第二框"酶的特性"内容中，关于酶的高效性、专一性，课本上是通过实验的方法包括演示实验或分组实验来让学生掌握课本知识，而对于酶的第三个特性，课本上借助图表和简单的文字描述进行讲解，这样学生学习起来就显得比较抽象，而且无法达成对于酶相关实验设计的概念模型掌握和巩固。如果教师在上课之前能够创设现实的问题情境，让学生回家进行实践，在不同的条件，如温度（冷水、热水、温水）、水质（井水、自来水）下，亲自洗一双自己的袜子，然后记录下什么情况下洗的时候泡沫最多、洗得最干净，并在第二天上课时进行交流。这样的生活化情境与学生生活联系紧密，可以让学生亲力亲为，所以能激发学生的学习兴趣，上课交流经验，各抒己见，生成不一样的课堂。通过问题串的分析、讨论，让学生自主学习，回归课本去寻找答案。在无形之中，他们便掌握了酶的第三个特性——酶的作用需要适宜的条件（即适宜的温度和pH），并通过实验设计构建酶的实验设计模型。

二、基于模型评价提升核心素养的学习策略

（一）借助概念模型评价提升核心素养

概念图模型是高中生物复习教学中非常好用的一种知识体系呈现形式。它能反映学生对于核心概念的掌握程度以及分析、归纳能力。

在已经掌握基本内容后所进行的高中生物复习教学中，围绕核心概念，对高中生物学习内容进行整合、统筹，让学生在自主分析、梳理知识内容和体系的过程中构建概念图模型，并且针对学生的概念图采用自评、他评、师生互评、生生互评等形式，从而让学生在利用概念图模型评价过程中实现自我的分析、联系、归纳能力的提升。同时，以一定主线（结构与功能观、物质与能量观、稳态观等）构建概念图过程中提升生命观念。如开展"结构与功能观"的专题复习，让学生自主分析、归纳得出在高中生物教材中涉及的相应内容形成概念图，然后展示学生答案，通过师生、生生的评价，最后引导学生从不同水平，如从分子层次（脂肪、蛋白质、核酸）、细胞与细胞器水平（细胞膜、线粒体、叶绿体、浆细胞）、器官水平（根、茎、耳朵）、个体水平（不同植物、动物个体的判断）、生态系统水平（物种丰富度、抵抗力和恢复力稳定性）了解结构与功能相适应的特点，在评价完善过程中实现头脑风暴，核心

素养提升。又如，在遗传的物质基础内容中，从小到大，依据不同的概念大小，让学生评价、完善概念图，有利于学生对零碎的细小的知识进行加工、储存，全面系统地掌握和记忆知识要点，又能使学生形成完整、系统的知识体系，将所学知识联系起来，提升一定的理性思维。

（二）借助拓展性问题评价模型提升核心素养

模型构建能够反映学生对于相关概念、原理、性质等事物本质特征的理解和掌握程度。而在模型构建完成的基础上，通过拓展性问题的跟进、讨论、评价模型，可以从不同的维度检测、巩固学生对于模型的理解程度和掌握情况。同时，拓展性问题对模型的评价可以引导学生进一步去思考、探究相应内容和深度学习，培养和提升学生的理性思维和科学探究能力。

例如，在"基因表达载体的构建"教学单元中，当学生利用相关用具完成基因表达载体物理模型构建后，借助拓展性问题，如"每小组各提供2个目的基因和质粒，那么，1个、2个、3个、4个材料的连接可以有几种情况？""即使是我们想要的目的基因和质粒的重组质粒连接情况又有几种？"等，以上针对物理模型进行的拓展性问题评价，可以引导学生对于微观的、多样的连接情况分析，从而引导学生进一步去思考和探究自身环化、反向连接、任意连接等情况，激发学生的探究欲望和实践需求，提升学生的科学精神、理性思维。

又如，在构建完"生态系统的能量流动"概念模型的基础上，通过拓展性问题"该生态系统能够利用的能量形式？生物群落最终能量的散失形式？是否一致？"等，引导学生思考、分析生态系统能量流动单向性的特点，可以培养学生的理性思维。

三、基于模型迁移提升核心素养的学习策略

（一）利用数学模型的迁移提升核心素养

生物学科作为自然学科，逻辑和实证是本学科的两大主要依据和特点。而作为理科学科，具有说服力的数据则是让学生回归理性、训练理性思维的重要途径和方法。

数学模型是根据具体情景，抽象出数学规律，并用公式或图表的形式表达。在科学研究中，数学模型是发现问题、解决问题和探索新规律的有效途径。在教师引导作用下，学生可以通过构建数学模型，培养透过现象揭示本质的洞察能力。同时，通过科学与数学的整合，有利于培养学生简约、严密的思维品质，达成理性思维方式的养成。例如，在比较不同遗传方式发病率特点的过程中，学生可以将X染色体显性遗传和隐性遗传所有男女的婚配组合进行罗列，然后逐一通过遗传图解计算后代发病率。通过自己的计算，得出结果，并进行横向、纵向比较，得出每一种病的男女发病特点及相互之间不同遗传方式的发病特点，学生自主生成知识内容。又如，在人教版高中生物必修二"性状分离比"模拟实验中，学生通过模拟实验，在教师汇总结果的基础上，再增加一个环节，即统计每一个布袋中的小球总数及内部两种颜色小球的各自数量。汇总、比较每一小组布袋之间的小球数量关系（不一定相等）、每一布袋内部的小球数量关系（相等），从而分析、归纳得出F1自交后代，3∶1性状分离比需满足的条件，进一步理解分离定律的实质；在构建DNA分子的多样性和特异性过程中也可以通过数学方法帮助理解，如"计算10个碱基对的DNA片段可以有几种碱基排列组合方式？一般，每个DNA含有的碱基对有几个？"等，从而说明DNA具有多样性，如"10个碱基对的两个DNA片段碱基排列组合方式

相同的概率多大？"等，从而说明DNA具有特异性。

（二）借助概念模型的迁移提升核心素养

概念模型是指以文字表述来抽象概括事物本质特征的模型。借助课本概念模型，并在新的情境中进行模型的迁移，可以帮助学生在新的条件和情境中，实现知识迁移和问题解决，将陌生的问题转化成熟悉的内容，从而培养学生分析问题、解决问题的能力以及良好心理状态的养成。

四、基于模型应用提升核心素养的学习策略

（一）应用科学探究概念模型提升核心素养

利用教材中探究类实验如"植物细胞的吸水和失水""探究酵母菌种群数量的变化"等，教师依照科学探究实验概念模型的一般步骤设计教学环节，以小组合作为组织形式，通过教师提供现实案例和现象，由小组合作交流讨论提出问题、做出假设；并通过小组合作讨论设计方案、实施方案、得出结论、交流讨论。在学生以小组为单位完成整体实验的探究后，各小组总结实验步骤，进行归纳总结出科学探究的一般步骤，形成科学探究核心素养。

（二）应用物理模型提升核心素养

物理模型是一种直观、形象的外显模型形式。通过物理模型的构建、观察、评价可以让学生将微观、抽象的知识具体化、宏观化，更能达成学习的三维目标，提升学生的理性思维。例如，人教版高中生物必修二"遗传与进化"中的减数分裂、遗传、变异等相关内容，由于知识抽象、微观，在学习过程中成了学生的一大难点。而在复习教学过程中抽象的减数分裂过程势必会和基因传递与重组、染色体变异内容进行整合，作为复习重点便于学生理解和掌握遗传和变异的细胞学基础。如果仅仅进行传统的纸笔训练、画

图，对于学生而言，要化解难点、突出重点，并非易事。

对于减数分裂、遗传和变异的细胞学基础，其本质特征都取决于真核生物减数分裂过程中染色体的行为变化：染色体的复制；同源染色体的联会、交叉互换、分离；着丝点的分裂；染色体在纺锤体牵引下的移动……在基因位于染色体上这一知识背景下，构建并应用减数分裂过程中染色体的行为变化物理模型，可以直观判断减数分裂过程中的基础知识，如每一时期的典型特征、细胞名称、数量关系及变化原因。以某一基因型为AaBb的精原细胞为案例，将基因标记在相应染色体上，通过观察、分析、讨论基因随染色体的变化情况、异常配子的产生原因（如产生了AB、ab、Ab、aB的四种配子或产生了Abb的配子）……同时借助表格帮助学生归纳讨论内容，从而在宏观上促进学生理解减数分裂和遗传与变异的关系，形成科学认识、化解难点、突出重点。

在复习课中应用"减数分裂中染色体行为变化"这一物理模型，可以实现高三生物学科复习课堂中学生主体地位的回归及不同内容的有机整合方面存在优势，可以有效突破遗传与变异内容重难点，培养学生解决问题、分析问题的能力。

第六章　核心素养下高中生批判性思维的培养

第一节　相关概述

一、开展核心素养下高中生批判性思维培养的原因

（一）核心素养的要求

20世纪90年代以来，为提高国家的核心竞争力，"核心素养"成为国际组织和众多国家关注的焦点。1997年国际经济合作与发展组织（OECD）率先提出"核心素养"一词，随后联合国教科文组织（UNESCO）、欧盟（EU）等国际组织陆续开展了关于核心素养的研究。在国际组织的影响下，美国、英国、法国、德国、芬兰、新加坡等国家也纷纷制定了核心素养框架。众多国家中，美国、新加坡等国家将批判性思维列入核心素养框架内。2002年，美国制定了《"21世纪素养"框架》，在2007年颁布了更为全面的素养框架，包括学习与创新技能，信息、媒体与技术技能，生活与职业技能三项技能，其中，学习和创新技能包括批判性思维和问题解

决能力、创造性和创新能力、交流与合作能力；新加坡教育部在2010年3月颁布了新加坡学生的"21世纪素养框架"，将批判性思维列为核心素养的发展目标之一。加拿大魁北克地区的四项核心素养包括认知素养、社会与个人素养、沟通素养和方法性素养，批判性思考就是认知素养要求的内容之一。

综上所述，在各国的核心素养的培养内容中我们不难发现，批判性思维是共同内容之一。我国为进一步提高国民竞争力，在素质教育的基础上，在国际环境的带动下，也在积极构建核心素养培养体系。在2014年4月教育部颁布的《全面深化课程改革落实立德树人根本任务的意见》中，明确指出为推动教育发展，把课程改革的关键放在学生发展核心素养体系的构建上。

2016年9月，中国学生发展核心素养的内容正式敲定，分为文化基础、自主发展、社会参与三个方面，综合表现为人文底蕴、科学精神、学会学习、健康生活、责任担当、实践创新六大素养，其中，科学精神中的批判质疑占有重要的一席之地。批判性思维正是学生进行批判质疑的重要工具，是不可或缺的思维品质。高中阶段是对学生进行思维培养的黄金时期，培养学生良好的思维方式是重要的教育目标。在众多思维方式中，为了学生进入社会能够独立思考、全面分析、理性判断、合理评价，批判性思维的培养不可或缺，因此在核心素养的倡导下培养学生的批判性思维是十分必要的。生命科学是自然科学之一，与社会现状和自然现象息息相关，是培养批判性思维的良好"土壤"，因此高中生物教学中适合进行批判性思维的培养。

（二）社会与个人发展需要批判性思维

1998年世界首届高等教育会议中，发表了《面向二十一世纪高等教育世界宣言：观念与行动》文件，明确指出应通过高等教育使学生能够批判性思考、分析社会问题，从而解决社会问题、承担社会责任。由此可见，批判性思维是国际公认的解决社会问题、承担社会责任的必备思维。社会的发展和进步离不开科学技术的创新，批判性思维是创新发展的前提，在批判质疑的基础上才能提出有价值的创新成果。因此，批判性思维是有助于社会发展的重要思维品质。在互联网和智能通信设备飞速普及的今天，学生会接触到各种纷杂的信息，这其中不但包含有利于学生学习成长的信息，错误偏激的、误导学生的信息也会经常出现，批判性思维可帮助学生在繁杂的声音中准确判断出有助于自身成长的信息；批判性思维是一种合理的反思性思维，可帮助学生自我审视、自我修正。具有批判性思维的人在面对权威人士的言论、书本上的知识时不是"照单全收"，而是理性的质疑，运用分析辨认、解释、推理、评价等批判性思维技能进行判断，有利于自身的发展。

综上所述，批判性思维在社会与个人发展中至关重要，是学生应当具备的思维品质，教师应在教学中注重批判性思维的培养。

（三）批判性思维培养的缺失

受我国传统教学的影响，教师的话一向被视为权威，因此在教学过程中，学生往往不敢提出与教师不同的观点，久而久之，学生的批判性思维受到禁锢，面对学习生活中需要表达自身观点或合理判断的事情时就会难以处理。据北京教育科学研究院针对高中学生做的调查数据表明，从未打断教师讲课而提出问题或困惑的学生占被调查学生总数的93％；从未提出与教师讲解观点不同的学生达91％。此现象说明，被调查的学生多数缺乏质疑精神。SAT测试以考查学生的批判性思维能力为目的，除了对学生的分析、推理等能力进行测试，专门设置Critical Reading（批判性阅读）等考试内容考查学生的批判性思维能力。《2011中国SAT年度报告》对我国50

所高中的学生进行SAT测试，回收了2890份有效样本，结果显示，我国学生的SAT分数低于美国学生。主要原因是批判性思维能力的写作和阅读方面得分较低。该调查可以看出我国学生的批判性思维能力需要加强。

除此之外，出于对批判性思维的理解偏差，很多人认为批判性思维就是一味地否定他人，部分教师也会受这种偏见的影响，忽视批判性思维对学生的积极作用，所以在教学中若没有重视批判性思维的培养，就会影响学生的批判性思维发展。在科技飞速发展、人才济济的社会，具备独立思考、思维创新能力的学生能够脱颖而出，批判性思维是学生独立思考、思维创新的重要工具，为提高学生的核心竞争力，应从基础教育阶段就重视学生的批判性思维培养，对于高中阶段即将步入大学的学生来说，批判性思维的培养更为重要。而高中阶段的课业紧张，单独开设批判性思维课程很难实现，因此学科教学是培养学生批判性思维的良好途径。生物学科是研究生命现象及其规律的科学，是对生命现象本质的探索，并且与实验密不可分，是检验事实、追求实事求是的科学，对本质的探索需要辨别违背事实和科学原理的现象，更要运用生物学原理解释生活实例，这就需要学生进行批判性思考。因此，生物的学科性质十分适合将批判性思维的发展融入学生的学习与生活，恰好属于有利于培养学生批判性思维的良好"土壤"。

二、开展核心素养下高中生批判性思维培养的目的和意义

（一）开展核心素养下高中生批判性思维培养的目的

核心素养在世界各国引起了广泛关注，也是我国下一轮课程改革的重点内容之一。批判质疑是中国学生发展核心素养中科学精神

的内容之一，批判性思维是进行批判质疑的重要思维工具。同时，在网络和智能产品飞速发展的时代，面对源于各种途径的纷杂信息，学生要想能够有选择地吸收正确有益的信息必须具备批判性思维。然而，我国批判性思维的研究起步较晚，与具体学科相结合的研究理论较多，实证研究较少。

　　笔者对具有批判性思维的国内外文献进行梳理，了解批判性思维的定义、结构、测量等基本理论以及批判性思维教学的相关内容等，为研究高中生物中批判性思维的培养策略奠定了坚实的基础。为了了解学生的批判性思维水平，笔者使用加利福尼亚批判性思维测试中文版（CTDI-CV）对学生的批判性思维倾向水平进行测量；使用叶玉珠编制的批判性思维技能测试对学生的批判性思维技能水平进行测量。教师是否有意识地在教学中开展有效的批判性思维培养是学生批判性思维发展的关键环节，教师自身的批判性思维水平也间接影响着学生的批判性思维发展，因此要想培养学生的批判性思维，了解教师的批判性思维教学情况是十分必要的。笔者从教师对批判性思维的认识、教师批判性思维教学的开展情况以及教师自身的批判性思维水平三个维度对教师进行了调查。在调查的基础上，笔者制定了课堂教学中的新授课、实验课、练习课中批判性思维的培养策略，旨在从多个方面增加教学中发展学生批判性思维的平台；除此之外，课外活动也是学生批判性思维培养的重要平台，通过辩论、课后的群组交流等方式将批判性思维的培养真正地融入学生的日常学习生活当中。

　　（二）开展核心素养下高中生批判性思维培养的意义

　　1.理论意义

　　核心素养是提高学生核心竞争力、适应社会发展的必备素养。批判质疑是中国学生的核心素养要求之一，批判性思维是批判质疑必需的思维品质。我国关于批判性思维的研究起步较晚，理论研究较多，对于能提供实践依据的实证研究较少，生物学科中批判性思维培养的实证研究数量很少。本部分基于核心素养理念，对高中生物教学中批判性思维的培养进行了研究，丰富了批判性思维融入学科教学培养的理论，激发了教师在教学中培养学生批判性思维的意识，增加了教师对批判性思维的了解，也丰富了学生思维培养的研究。

2.实践意义

本部分将批判性思维的培养渗透在高中生物教学中课堂教学、课外活动中，对课堂教学中的新授课、实验课、练习课的批判性思维培养策略进行研究并实施，并将批判性思维的培养融入课外的辩论活动、课后社交工具的群组交流中，比较细致具体地将批判性思维的培养融入学生的学习生活中，可为广大的一线教师在教学中培养学生的批判性思维提供一点参考，对学生的批判性思维发展具有积极作用，对学生的逻辑思维、创新思维的发展产生积极影响，对发展学生的核心素养有积极意义。

三、国内外研究现状

（一）国外研究现状

国外对批判性思维的研究较早。批判性思维的起源最早可追溯到苏格拉底的"产婆术"。1910年，约翰·杜威（John Dewey）提出了批判性思维的概念，他将其称为"反思性思维"，他认为，反思性思维是根据信仰或假定的知识背后的依据及可能的推论来对它们进行主动、持续和缜密的思考。[①]在随后的40年间，美国的

[①] 席静，李昕，武香萍.在信息过载时代，如何保有批判性思维？[J].农家参谋，2018，594（17）：230.

进步教育协会受杜威启发，积极推动批判性思维的发展。格拉泽（Edward Glaser）和华生（Goodwin Watson）推出了华生-格拉泽批判性思维评估工具，目前第二版仍在使用。20世纪中叶，第一本以"批判性思维"命名的专业学习入门书籍诞生了。20世纪70年代，"非形式逻辑"的兴起推动了批判性思维的发展进程，批判性思维成为美国教育改革的主题，北美的许多大学以论证逻辑和推理为主开展了批判性思维课程。

20世纪80年代，批判性思维成为教育改革的核心内容，美国的批判性思维培养机制更加完善，从儿童到成年人的批判性思维教材十分全面，也有职业培训专门使用的批判性思维教材，澳大利亚、加拿大等国家也将批判性思维列为大学的公共课程之一。国外针对批判性思维的教学也有提出对话法、辩证法等教学方法，也有对苏格拉底问答法的进一步研究。批判性思维俨然成为西方国家教育的重要目的之一，也是评判高层次人才的标准之一。随着科学的发展和人类的进步，批判性思维的定义和结构以及评价标准都有了更加科学具体的研究成果，许多批判性思维的测量工具都是在20世纪八九十年代研发的。根据2010年对美国近十年批判性思维研究的博士论文进行统计，哲学领域120余篇，教育领域60余篇，足以看出批判性思维在美国的研究热度。近年来，信息技术迅速发展，促使信息技术与批判性思维的有机结合成为国外的研究热点，研究某种软件、技术对批判性思维发展的促进作用。由此我们可以知道，批判性思维在国外的研究与当下的发展和时代进程紧密结合，其热度不减，具有重要的研究意义和价值。

（二）国内研究现状

我国对批判性思维的了解始于20世纪80年代中后期，直到20世纪末期都是对国外批判性思维研究的引进阶段，到了21世纪，我国对批判性思维的研究才逐渐增加。笔者以"批判性思维"为篇名在中国知网CNKI检索到博硕士论文196篇，其中关于生物教学的学位论文有三篇，以"批判性思维"为关键词检索到文献1828篇，其中高等教育362篇，中等教育348篇。对文献进行梳理，研究内容主要集中在以下五个方面。

1.批判性思维的理论研究

我国许多学者在21世纪初针对国外的批判性思维的定义、结构等理论提出了自己的见解，并从不同的角度剖析了批判性思维的本质，从哲学、心理学、教育学等角度对批判性思维进行解读。钟启泉教授、林儒德教授等均提到在教育中应重视批判性思维的培养，为批判性思维在教育教学中的实践奠定了理论基础。

2.批判性思维的现状调查

了解批判性思维的现状是进行批判性思维培养的前提，因此有很多学者对批判性思维现状进行了调查，多数调查结果显示被测人群中有部分人的批判性思维较弱或持中等水平，有待提高的空间。被测对象有高中生、大学生、护理人员、教师等；学科包括英语、地理、生物、化学、物理等。如对大二学年的护理、文科、理科、工科、管理专业的学生的批判性思维特质进行测量，测量结果显示，文科、护理以及管理专业的学生批判性思维特质没有达到正常水平。理科、工科专业的学生有接近一半的学生达到了正常水平。由此可以看出，批判性思维需要加强的学生不占少数。应蒙蒙等人对南京三所中学的高一学生进行了批判性思维能力的测量，结果显示，这三所高中的学生对他人观点多持相信或保持中立的态度，没有发现他人观点论据的不当之处，批判性思维能力较弱。由上述调查结果可知，无论是大学生还是高中生，其批判性思维水平都有待加强。为了有效发展学生的批判性思维，教育工作者应在教学中有意识地培养学生的批判性思维，使学生的批判性思维有所提高。

3.批判性思维的测量工具研究

我国对批判性思维的理论研究较多，编制测量工具的研究较少，因此有的学者对国外的批判性思维测试进行翻译和修订。如罗清旭对比较权威的加利福尼亚批判性思维倾向问卷进行修订并检验了中文版问卷的信度及效度，结果表明，中文版批判性思维倾向问卷的信效度较好。彭美慈等人翻译修订了加利福尼亚批判性思维倾向问卷的中文版，在原问卷的基础上将有些项目的表述加上了情景，更利于中国的学生理解测量重点，并对护理专业的学生进行批判性思维倾向的测量，结果显示，中文版问卷信效度较好。目前有很多研究中采用此版本对学生的批判性思维倾向进行测量。除了对国外测量工具的翻译和修订，也有研究者自制批判性思维倾向问卷对大学生实施测量。黄程瑛通过开放式问卷和访谈后编制了问卷，后进行信效度检验，信效度均较好。张俐等人自制问卷对研究生的批判性思维能力进行测量。

4.批判性思维的培养研究

西方国家意识到批判性思维培养在教育中的重要性的时间较早，对于批判性思维培养机制的研究也较成熟。我国学者在国外批判性思维培养的启示下，提出了一些批判性思维的教学模式，如学习支架支持的批判性思维的培养模式。还有将批判性思维放在具体学科中培养的模式，如在化学学科中建立对学生批判性思维进行培养的教学模式。高瑛等人则在整理了国内外批判性思维培养的相关研究的基础上，评析国外的培养模式，在此基础上结合我国实际国情和外语学科特点构建了集教学者、学习者、教学机构"三位一体"的批判性思维培养模式。武宏志教授也对苏格拉底模型及其应用于批判性思维培养的理论进行了梳理。陈振华教授则对国外批判性思维的培养模式进行了介绍并总结了国外的培养模式对我国的启发。

批判性思维的培养除了需要实践性强的教学模式，还离不开教材提供的适合批判性思维发展的"土壤"。周青等人以美国Prentice Hall出版的《化学》这一教材为范本剖析了批判性思维培养和化学学科知识的建构有机融合。这一教材的设计充分考虑到了批判性思维培养的栏目，使教师在设计教学目标的同时又可以兼顾学生的思维发展，学生可以在学习化学知识的同时，其批判性思维得到提高，由此周青等人认为将批判性思维培养与教材内容融合是可行的，希望为我国今后教材改革提供参考和借鉴。

5.批判性思维教学的实证研究

中等教育中对批判性思维培养的实证研究包含语文、数学、英语、化学、物理、地理、生物等学科。不同学科根据其学科性质，在学科教学中对学生批判性思维的培养方式也就略有不同，如语文、英语等科目会通过阅读让学生分析作者观点，主动发现问题、思考问题；物理、化学等自然科学对批判性思维的培养与探究实验、科学史教学等适合培养学生批判性思维的典型素材密不可分。高等教育中，英语课上通过辩论达到使学生批判性思维发展的目的，以及利用QQ、微信等社交软件优化批判性思维的培养过程，这一做法很符合信息时代的时代特征。

本部分是对批判性思维在高中生物教学中的培养研究，因此对生物学科中讨论批判性思维培养教学的文献着重介绍一下。笔者在中国知网以"生物、批判性思维"为关键词检索到学位论文三篇，检索到期刊文献30篇；以"高中生物、批判性思维"为关键词检索到文献16篇。龚会云对批判性思维的国内外研究现状进行梳理，然后对论文的研究目的意义进行描述，在整理了批判性思维的理论基础上确定研究思路，对学生的批判性思维进行培养，使用问卷对学生的批判性思维水平进行测量，发现进行批判性思维培养的班级与常规教学的班级有所差异。曹琴则是运用苏格拉底问答法在高中生物课堂进行教学，列举了"基因在染色体上"及"转基因生物的安全性"两个教学案例，也探讨了高中生物习题教学中批判性思维的培养方法。张苑研究了批判性思维的国内外现状及批判性思维的教学方法后，认为实验的特质适合培养学生的批判性思维，在调查了学生批判性思维现状的基础上，提出了适合生物实验课堂实施的教学模式并以影响"酶活性的条件"这一实验进行案例展示。

从上述观察中可以看出，生物学科的确能够使学生的批判性思维有所提高，在生物实验教学中培养学生的批判性思维时，应多注重在验证性实验中发展学生的批判性思维，可采用适当的批判性思维培养策略对学生进行培养。在教学中培养学生的批判性思维除了课堂上的教学行为，教师也能够组织安排课外活动对学生的批判性思维进行培养，使批判性思维的培养更加全面。综上所述，批判性思维的培养在生物学科的实证研究还较少，在中学教育中还未引起教育工作者的广泛重视，应在上述研究的基础上进一步对生物教学中的批判性思维培养进行研究。

四、批判性思维的基本信息

（一）批判性思维的概念

批判性思维从杜威的反省思维到20世纪70年代美国的批判性思维研究热潮，再到当今人们致力于将学生培养成具有批判性思维的人才经历了漫长的岁月。但在学术界至今没有得出统一的对批判性思维的定义。据不完全统计，对批判性思维不同的说法就有百余种。针对此现象，我国学者武宏志认为这是不同视角看待批判性思维的结果，从哲学、心理学、教育学的不同视角就会得到不同的批判性思维的定义，但这不是混淆批判性思维的概念，是有益于对批判性思维多维度性质的认识现象的产生。

在众多批判性思维的定义中，有两个最具影响力并受到了广泛认可。其一是由罗伯特·恩尼斯（Robert Ennis）提出的，他认为批判性思维是为决定做什么或相信什么而进行的合理的反省思维。另一个是彼得·法乔恩（Peter Facione）向美国哲学学会提交了批判性思维专家通过德尔菲方法（反复询问调查+专家意见+直观结果的方法）研究并达成共识的声明，将"批判性思维"定义为："批判性思维是有目的的、自我校准的判断。这种判断表现为解释、分析、评估、推论，以及对判断赖以存在的证据、概念、方法、标准或语境的说明。"

我国学者也广泛认同上述两种定义，如武宏志和周建武采用了德尔菲报告中对批判性思维的定义；而谷振诣和董毓较为认同罗伯特·恩尼斯（Robert Ennis）对批判性思维的定义，在此基础上定义了批判性思维。

上述概念中，罗伯特·恩尼斯提出的概念表述了批判性思维的本质，但外延性较少。彼得·法乔恩等人通过德尔菲方法得出的概念对批判性思维的阐述比较细致具体且易于理解，加利福尼亚批判性思维测量工具是以此概念为基础进行的，笔者对学生的批判性思维倾向进行调查时采用的是彼得·法乔恩等人研制的加利福尼亚批判性思维倾向测试的中文版，因此此概念符合本章的研究思路，本研究笔者采用彼得·法乔恩对批判性思维的定义。

（二）批判性思维的结构

对于批判性思维的结构不同的人持有的观点有所不同。理查德·保罗（Richard Paul）认为，批判性思维包括批判性思维技能与倾向、态度等情感维度。[①]西格尔认为，批判性思维至少由推理评价和批判精神两部分构成。[②]霍尔普恩认为，批判性思维包括批判性思维技能、倾向与态度及对思维进行评价的元认知三部分。尽管不同学者对批判性思维构成的成分命名略有不同，但也不难发现，技能和倾向都是不可或缺的成分。

随着研究的不断发展，格拉泽、彼得·法乔恩等人将批判性思维技能进一步细化为子技能，他们列出的批判性思维的子技能有所不同，但能找到澄清意义、分析论证、评价证据，判断推理的合理性、得出结论等共同要素；将批判性思维倾向进一步细化成不同的倾向态度。批判性思维倾向和态度则包括思想开明、心态公正、寻求证据、兼容他人观点和理由、信念与证据相匹配等共同要素。

批判性思维倾向与批判性思维技能不可割裂，即使拥有了良好的批判性思维技能但缺乏应用技能的意愿是不能成为批判性思维强的思考者的。培养具有批判性思维的人追求的是技能和倾向的同时发展，二者不可偏废。在通过合理方法、策略培养批判性思维技能提高的同时也会对批判性思维倾向的形成产生有益影响。

笔者采用彼得·法乔恩等多位专家通过德尔菲方法确定的批判性思维包含技能和倾向两大维度。因为彼得·法乔恩等46位专家通过六轮讨论才确定了最终结果，具有一定的普遍性和公信度。

以下为批判性思维倾向与技能的具体内容。

1.批判性思维倾向

第一，求真。渴望探求真相、勇于提问、诚实客观的探究。

第二，思想开放。包容不同意见、理解他人见解、考虑自己有

① 理查德·保罗.批判性思维与创造性思维（第3版英文版）[M].北京：外语教学与研究出版社，2016.
② 吴畏.批判性思维、认识论和教育哲学——哈维·西格尔的教育哲学述评[J].高等教育研究，2018（04）：8-15.

可能有偏见。

第三，分析性。对潜在问题的机敏、预见后果、重视利用理由和论证。

第四，系统性。有序处理复杂问题、勤于寻找相关信息、注意力集中于当下问题。

第五，自信心。对自己推理能力的自信。

第六，好奇心。广泛的好奇心、消息灵通。

第七，明智。评价推理的公正性，改变判断的审慎性、达到所允许的精准性。

2.批判性思维技能

第一，解读。归类、澄清含义、理解意义。

第二，分析。审查观念、识别论证、分析论证。

第三，评估。评价主张、评价论证。

第四，推论。寻求证据、推测出不同可能、得出结论。

第五，解释。陈述结论、证明程序的准确性、表达论证。

第六，自我校准。自我审查、自我校正。

（三）批判性思维的测量

在批判性思维的研究中，测量是不可或缺的一部分，是评价批判性思维水平的有力手段。国外推出了多种批判性思维的测量工具多以客观题为主，少量为主观题以阅读和写作为主。

五、批判性思维的体现

（一）寻找真相

寻找真相是一个人具有勇敢愿望去努力探索获取可能的最佳知识，寻找真相的人会提出问题并遵循证据和导向去追求结果。在"寻找真相"这一维度上，学生的分数在中等偏上水平，高中生正处于青少年时期，对事物真实性的探索之心较强烈，这种青少年的探索欲对学生积极寻找真相有促进作用。高中阶段理科课程中的探究实验也较多，探究实验是对实验现象本质原因的挖掘，学生在探究过程中从提出假设、设计实验方案、得出结论的过程中能够体会到探索本质的乐趣与得出探究结果的成就感，这就促进了学生对探索真相的热情。但学生在寻找真相倾向上还未达到高水平，当学生探索的真相与客观标准有所偏差时，学生缺少自我反思并修正的过程，这会影响求真的客观性。

（二）开放思想

开放思想是指能够容忍意见分歧并意识到自己可能存在偏见，具有开放思想的人能够尊重他人持不同意见的权利。在"开放思想"这一维度上，学生平均得分最高，通过教育实习过程中的课堂观察，笔者发现多数教师在课堂上会安排学生采取小组讨论的合作学习方式。在小组合作学习中，学生持有不同意见的情况常常出现，学生经过长时间的磨合配合，对彼此意见的接受程度会有所提高，学生对他人意见会有所包容。高中阶段学生的心智较为成熟，对他人的意见会保持尊重，能够意识到每个人都有发表意见的权利，有利于开放思想，接受不同看法。学生课堂上讨论积极热烈，讨论结果很好，这与交流意见密不可分。课堂上应当增加讨论环节，发挥学生开放思想的优势。

（三）系统化能力

系统化能力是指一贯努力采取有组织有计划的策略解决问题，系统化能力强的人能够井井有条、坚持不懈、勤奋努力的独立解决问题。系统化能力这一维度的平均分稍低于前两个维度得分，系统化能力水平尽管没有达到较强水平，但已处于中等偏上水平。学生学习勤奋，学习态度端正，这对学生勤于搜集相关信息去有序地处理问题有所帮助。学生也会有很多自行组织的社团活动、走廊的"读书角"管理、班刊的设计等活动，能够促进学生有组织、有条理地去处理解决问题的能力。但学生的系统化能力还是有所欠缺的，当学生对遇到的问题复杂、难懂时，就很难做到坚持有序地进行下去，在集体讨论时也有跟随他人意见的情况，这都是系统化能力未达到优秀的原因。教师应在班会、学习小组中给学生更多的自主组织机会，让学生能够自行有条理地组织活动，主动去搜集相关资料，集中精力去独立解决问题。

（四）分析能力

分析能力是指习惯性地对潜在问题保持警惕。分析能力强的人善于预测后果，努力预见事件、行动的后果，能够不以主观意愿行动。学生的思维倾向处于矛盾状态，学生对可能发生的事情预见性一般，这与学生目前的年龄处于青少年时期，其社会经验、生活经验有限有关，当经验不足时很难对未发生的事情有所预见。难以预见事情的走向自然会影响对可能发生的事情有所准备，难以做到机敏地提前干预。高中生的理性程度还不够，有凭借主观意愿行事的时候，有时难以做到理性地分析，上述原因可能会影响学生的分析能力水平。

（五）自信心

"自信心"这一维度是对批判性思维自信心的考查。它考查学生是否相信自己能够做出合理的判断，对判断过程的推理是否自信。学生的自信心不足是受传统教育的影响，教师和家长对学生的严格要求导致学生一向将教师和家长的话视为正确的，缺乏自主判断问题的能力，学生很少有机会依靠自己推理判断，这就影响了学生对自身判断能力的自信。推理能力的不足也会造成学生缺乏对自身推理判断能力的信心。具备良好的推理能力可以帮助学生提高对自身推理能力的信心。

（六）求知欲

求知欲是指习惯多获取信息，学习广泛领域的新东西，即使掌握这些内容的即时效用不直接明显。学生表现出的求知欲并不强烈。这与学生的课业任务繁多有关，学生承担着来自家长的殷切盼望、教师的严格要求和同伴竞争者之间的压力，对于知识处于机械学习的状态，对于短期内难以取得像好成绩一样有效用价值的新鲜事物，学生难以展现出极大的兴趣。升学的压力让学生对分数的重视高于对知识的真正渴求，学生多数时候思考的是如何让自己的成绩有所提升，而对未知知识的渴望就被分数"淹没"了。教师应通过有趣味性的教学情境激发学生的求知欲，而不是单单地进行"填鸭式"教学，一味地向学生灌输知识。

（七）认知成熟度

认知成熟度指在处理问题时能够意识到问题的结构不良，有些问题不止一种可行性方案，在不确定的情景下，能够做出合理的决定。在"认知成熟度"这一维度上，学生处于倾向矛盾水平，这与学生的年龄处于较不成熟的状态有关，学生正处于青春期，很难做到深思熟虑，经常会有鲁莽轻率的时候，这时，学生处理问题、做决定时很难依照标准做出慎重的判断；看待事物会有只看表面不看本质的时候，也会因此做出不成熟的判断。学生也会存在单纯用正确错误的标准衡量问题，没有意识到很多问题没有绝对的正确或错误，需要辩证地看待问题。分析能力和系统化能力也会对学生的认知成熟度产生一定影响，不能做到有条理、有预见性地处理问题、做出决定时很难做到深思熟虑，认知成熟度很有所欠缺。

（八）辨认假设

辨认假设是指识别隐含的前提假设，辨认出未明确表达的事实或论断，识别假设要求，对假设有一定的了解。在高中生物教学中有探究实验和假说演绎法的教学内容，学生通过对探究实验和假说演绎法的学习，具备识别假设的基本能力。但学生在课堂发言中有时不能将自己观点的理由清晰地表述出来，在阐述结论时会有论据表述不充分的时候，这表明学生在得出结论时对前提的假设、论证不够清晰。在辨认事实方面，部分学生在学习中存在对相似概念的本质把握不清的现象，造成这一现象的原因可能是学生对概念本质不了解、缺乏辨认能力等。在日常生活中，部分学生对新闻消息的真实性难以区分，这都是辨认不清的表现。

（九）归纳与演绎

归纳和演绎均为推理技能，归纳是基于已经证实的前提对结论进行预测的过程；演绎的前提是真实的，那么，推论就不太可能是错误的推论过程。归纳推理和演绎推理均是学生学习过程中经常应用的技能，应具备一定的归纳、推理能力，但学生的水平处于中等。在遗传定律的形成、理综学科的科学史学习中会有涉及演绎的内容，但学生只是在教师的引导下进行简单的推理，很少有机会独立进行推理，因此其推理水平有限。批判性思维倾向中的"自信心"这一维度主要是考查学生对自身推理的自信心，学生对自身的推理能力不够自信也会影响学生推理技能的发展。教师在教学中会经常引导学生归纳概念、特征、原理等内容，但归纳过程通常在教师的引导下进行，学生很少独立归纳知识，通常在教师的督促要求下对章节知识进行归纳，当然也有归纳错误的情况。尽管在教师的帮助下，学生有自主归纳知识的过程，但归纳技能还需继续提升。所以，教师应在教学过程中多让学生举出归纳、演绎的事例，增加使用推理技能的机会，有助于学生理性思维的形成，更好地掌握理科知识。

（十）解释

解释技能是考查学生能否准确地陈述得出结论的过程，正确地理解事物、现象的因果关系并进行陈述。高中学生已有的知识储备是学生解释自己的想法的基础，学生具备一定的解释能力。但在情景、语境较复杂的情况下，学生还是存在一定的问题。例如，概念与原理等知识是学生能够准确表达解释的基础，但学生对概念与原理的学习在很多时候处于机械背诵的状态，而不是真正地从本质上去理解，因此在解释表达时常有表述不清的时候；还有的学生理解本质内容，但缺乏清晰表述的能力，教师在学生有表达错误时通常是直接告知正确的表述，很少引导学生自己去表述，学生很容易犯相同的表述错误，这不利于学生的解释技能发展，久而久之，学生也就难以正确理解其他事物与现象的因果关系。授课时限制，教师在课堂上很难设计出很多与学生直接交流讨论的环节，这使得学生减少了很多表达自己观点与思维过程的机会，有些学生出于腼腆、内向也很少主动去阐述自己的意见，这也是学生的解释技能不是很优秀的原因。

（十一）评鉴

评鉴是批判性思维技能的核心技能之一，是评价看法、陈述问题、推理的逻辑强度、论断的可信度等方面的重要技能。在学习和日常生活中，学生更多时候是被评价的对象，很少有机会去评价他人，缺少主动评价的能力。上述批判性思维技能的水平会对评鉴过程有所影响，进行评鉴需要了解批判性思维的其他技能的评价标准，这对学生的要求层次更高。因此，其他批判性思维技能的不足会影响评鉴水平。批判性思维技能是学生进行批判性思考的必备工具。上述批判性思维的子技能不是相互割裂的，相反，一项技能的使用往往伴随着其他技能的使用，单一地习得某一项技能不是批判性思维的真谛，只有掌握了这些技能，才能提出好的问题，进行理性分析，有依据地合理质疑，对自己的思维过程进行监控，从而实现自我反思。从学生的得分水平我们可以看出，学生的批判性思维技能有待提高，教师应在教授知识的基础上培养学生的批判性思维技能综合发展。

第二节　核心素养下高中生批判性思维的培养策略

一、高中生物课堂教学中批判性思维的培养策略

在生物学科教学中培养学生的批判性思维，使学生具有能够理性质疑、合理判断、自我反思的批判性思维，离不开课堂教学这个师生共同作用的"主战场"。课堂是教师教授知识、培养学生能力，并能及时得到反馈的最佳场所。将批判性思维培养融入不同类型的课堂中，有利于学生批判性思维的发展。笔者采用以教学任务为标准的课型分类方式，从新授课、实验课、练习课等课型探讨批判性思维的培养策略。

（一）构建概念体系，夯实解释技能基础

批判性思维大师理查德·保罗（Richard Paul）在《批判性思维工具》一书提道，所有的思维都需要概念，概念是思维的特征。概念也是批判性思维的解释技能的基础，以概念为背景，才能更好

地表达批判性思考的过程。批判性思维过程中要根据概念、证据、原理来解释得出结论的过程，概念是解释论证、推理过程、汇报结论中不可或缺的一部分。因此，教师要想培养学生的批判性思维，首先要从夯实概念原理等解释技能的基础做起。在生物学科中也有着许多相互关联的概念，概念是学科的基础，在生物学科的概念教学中，帮助学生更好地掌握概念、夯实解释技能是十分可行的。教师在教学中不难发现，学生很难将生物学科中琐碎的概念记牢，因此建构完整的概念体系是帮助学生掌握概念的好方法，概念体系的构建不仅仅是单一概念的机械记忆。对概念的处理更加系统化，有利于学生在批判性思考的过程中提取所需的概念，更好地解释自己得出结论的思维过程。

下面介绍两种构建概念体系的方法，学生只有掌握了概念的本质与概念之间的关系，才能利用概念准确地陈述批判性思考的过程。

1.概念图策略

概念图是一种学习者对特定主题内容和知识进行表征的结构化、视觉化方式，能使学习者理解概念之间的联系，帮助学习者以有意义的方式组织和管理信息与知识。概念体系的构建过程离不开概念图策略的使用，这是使概念关系显性化的重要工具，能够总结每一章、每一节的概念，能更好地考查学生对概念关系的掌握情况，形成了系统的概念体系，反思概念学习过程中的缺失。久而久之，学生对概念的掌握和概念体系的构建愈加清晰，也能更好地运用概念解释得出结论的过程。

通过概念图构建概念体系的方法，学生会对概念的掌握程度更加牢固。教师应考查学生在运用批判性思维时是否能够使用概念以及概念之间的关系进行表述。

例如，在"种群的数量变化"的教学中，在学习了本节课内容后，教师可让学生绘制种群数量特征图，经过教师点评完善后形成概念图。然后，教师可安排学生课下查找网络上关于种群数量暴涨的新闻，让学生根据本课学习内容判断该新闻的真伪，并给出合理的根据。种群的数量变化与种群数量特征有关，在判断种群数量暴涨的新闻时，学生可根据种群的几种数量特征，清晰地分析种群数量变化的原因，更准确地判断新闻的真实性。这考查了学生对本节内容概念的相互关系的掌握程度，学生只有构建了正确的概念体系，才能够更好地解释自己对新闻真伪的判断。这一例子说明，教师可以通过帮助学生完善概念体系的构建，促进学生更好地表述批判性思考的过程。

2.思维导图策略

思维导图是由英国著名教育家东尼·博赞（Tony Buzan）提出的，利用将发散思维脉络显性化的思维工具，运用文字和简单图形的方式，通过相互连接的支线与层级图将各级概念的关系表现出来。思维导图是用颜色不同的线条和简单的图形与概念的关键词有机地联系起来，能够促进记忆，可广泛应用于人们的学习生活中。思维导图可以通过相互连接的线条建立概念体系，并能清晰地展示各级概念的关系，是可以帮助学生构建概念体系的思维工具。教师可利用上课时间将思维导图的绘制方法教授给学生，引导他们使用多种颜色的线条连接不同概念层级，激发学生的兴趣，还可以使用简单的图形与概念相结合辅助学生记忆。在学生熟悉思维导图的绘制方法后，结束章节学习内容时，教师可布置绘制章节概念的思维导图任务，既可检验学生对概念的掌握程度，又能帮助学生构建概念体系。例如，在"细胞中的元素和化合物"的教学中，本章概念繁多，包括无机物和各种大分子有机物。教学结束后，教师可让学生绘制本章概念的思维导图，促进学生记忆概念，整理概念间的关系，构建系统的概念体系。

（二）纠正错误概念，形成思维反思习惯

批判性思维是对自身思维过程的监控反思，反思自己思维中潜在的错误是批判性思维的重要目的。错误概念的纠正刚好为学生提供了形成反思习惯的机会。教师在教学中不难发现，学生在学习正确的概念前会有一些错误的思维，在生物学科当中，如学生认为鲸鱼就是鱼类，糖类一定是甜的，精子是遗传物质的载体……这是一种根据生活经验和表面认识所形成的前科学概念，这是一种概念误区，存在于我们的脑海里会有错误的思维，影响正确概念的形成。教师应诱导学生展现错误概念的思维形成过程，使用一些试题，在课前对学生的前科学概念形成情况进行了解，然后引入正确概念，让学生形成认知冲突后，引导学生与自身先前的科学概念进行对比，反思自己形成错误概念的思维过程，在纠正错误的前科学概念的同时，培养学生不断反思的习惯，帮助学生成为善于反思的人，这是批判性思维的真谛，即主动去反思自己的思维，改正自己的错误，弥补自己的不足。

例如，在很多学生的先前认识中，细菌都是有害物质，能够致病，教师在讲授免疫学的应用时，可通过疫苗的作用引导学生更正自己错误的前科学概念。以下列举一个教学片段，进行详细说明。

师：同学们，在日常生活中你们都接种过哪些疫苗呢？

生1：接种过乙肝疫苗、流感疫苗等。

师：同学们，你们知道疫苗是如何研制的吗？

学生思考并回答问题。

师：我们刚刚学过病毒、细菌等病原体均可以作为抗原引起机体产生抗体，同学们思考一下，是否可以利用这一原理，研制帮助人类预防疾病的疫苗呢？

生（全体）：可以。

师：同学们，你们思考一下，病毒、细菌等物质对我们人类只是有害的物质吗？

生2：不是，病毒、细菌也可以帮助人类预防疾病。

师：我们同学当中是否有以前认为病毒、细菌只是有害物质的呢？为什么这样认为呢？

生3：有，因为广告上经常会说"远离细菌"等话语，所以认为细菌只是有害的物质。

师：同学们一定要以此为例，今后要不断反思自己的思维当中是否存在这样的错误思维，善于发现自己的思维误区。

（三）体验科学史实，培养质疑探究精神

质疑精神是实现批判性思考的重要前提之一，有了合理的质疑为基础，才能进行有依据的批判性思考。科学史是科学家们智慧的结晶，但限于当时科学技术的落后会有被推翻结论的时候，所以这正是培养学生质疑精神的好素材，在质疑的同时也循着科学家的脚步进行探究，达到有所批判、有所创新的目的。生物科学史记载着科学家们注意到的日常生活中被他人忽略的生活现象，他们在简单的生命现象的启发下巧妙地设计实验去探究这些生命现象，探索生命现象的本质原因的伟大过程；科学的进步不只是一位科学家能够完成的，是由很多位科学家的努力凝结而成的。科学家继承正确的启发性强的部分，质疑改进由于科学技术落后造成的一些错误结论，最后才能形成呈现在我们面前的科学成果。生物科学史符合培养学生产生质疑精神的条件，不但可以学习科学家们善于发现问题、积极解决问题的探究精神，在此基础上，还可以引导学生发现科学家实验的不足，告诫学生，权威不一定是正确的，发展学生敢于批判质疑的精神。

在利用科学史培养学生质疑探究精神时，具体可通过以下五个方面进行，而教师在教学实践过程中，可根据教学内容进行调整，选择自己需要的实施教学。

第一，安排学生动手实践，引发学生的探索欲望。在条件允许的情况下，安排学生做与科学史探究问题相关的动手实践活动，通过直观认识激发学生的探究欲望，有利于提高学生对科学史的探索兴趣。

第二，学生自主阅读教材，概述科学实验过程。科学史的理论内容较多，教师机械地讲解不利于学生的真正理解。教师可以让学生自主阅读教材，理解科学家的实验过程，提高学生的归纳总结能力。

第三，提问激发批判性质疑，评价科学实验方案。通过对科学家实验材料的选取、实验方案的设计、每一步的实验目的、得出的实验结论等方面的提问，引导学生对科学家实验的审视，从而激发学生针对科学家不完善的地方进行合理质疑，点评科学家的实验方案，培养学生的批判质疑精神。

第四，鼓励学生设计实验，培养学生探究精神。以科学家的实验为前提，鼓励学生提出自己的探究思路或方案，培养学生追求事实的探究精神。在质疑科学家的基础上，有所继承，有所改进。

第五，利用科学家的成功，鼓舞学生质疑探究。科学史的呈现离不了科学家的智慧与付出，通过科学家的成功，鼓舞学生敢于质疑、勇于探究。

（四）引入真实情景，增加批判性思考机会

刘儒德教授在批判性思维教学中提到教授学生批判性思维技能，不仅可能而且应当，但在教学中培养批判性思维时，要注意联系一些实际生活情景。正如刘儒德教授所说，批判性思维的培养不单单是教学中一味地进行思维技能的培养，这样就变成了逻辑培养；也不是一味地倡导鼓励学生要有批判性思考的意愿，而是应该致力于将批判性思维真正地融于学生的思维方式当中，当需要进行批判思考的事情真正出现时，学生能够做到自动地批判思考。[①]要想达到这样的目标，不是一朝一夕可以做到的，必须将批判性思维培养放入真实的情境当中，联系生活实际，增加学生批判性思考的机会，使学生发展的批判性思维有真正的"用武之地"。

首先，设置真实情景，提出中心议题。教师可引入真实的情景，提出需要讨论的问题，运用真实的事例增加学生思考的趣味性，引发学生批判性思考。

其次，查找相关资料，根据观点辩论。通过查找资料论证自己的观点，与不同观点的同学进行辩论，可减少学生带有感情色彩、一味否定他人的倾向，而且根据证据表达观点，有利于学生科学公正地看待问题，达到批判性思考的真正目的。

例如，在"转基因生物安全性"这一课中，转基因食物是否安全，到目前为止没有达成一致意见，方舟子与崔永元的争论也吸引了很多人对转基因食品是否安全的关注。以下列举一个教学片段，进行详细说明。

师：请同学们设想一下，如果有一天你成了一位市场调查人员，你通过调查发现，将转基因食品和非转基因食品区别标示出来

---

① 刘儒德.批判性思维及其教学[J].教师教育研究，1996（4）：62-67.

会严重影响食品销量，你认为还应当继续这样区别标示转基因食品和非转基因食品吗？

学生根据自己的观点查找资料，与同观点的同学交流讨论，确定能够支持观点的科学论据。

教师组织学生展开辩论。

真实情景的代入感使学生的积极性高涨，分为两个"阵营"展开了激烈有序的辩论。部分同学认为转基因食品区别标示带来了销量降低的后果，这在没有任何科学技术证明转基因食品不安全的现在是对转基因技术的不公平，这样商家就不会继续制作转基因食品，这无疑会影响转基因技术的推广，也会阻碍转基因技术进步；而有的同学认为将转基因食品标示出来是对消费者知情权的尊重，目前无法保证转基因食品以后不会有弊端，因此尽管影响转基因食品销量也必须要这样去做。

教师对学生的表现进行点评，表扬优点，提出需要改进的地方。

（五）识别虚假新闻，活用批判性思维能力

在日常生活中，经常会有媒体报道一些虚假的未经科学证实的新闻，这些新闻在很大程度上误导了人们，如"抢盐热""O型血比较招蚊子""鸡身上的病毒会传染给人"等。这些消息会对市场造成影响，也会引起不必要的恐慌。这些日常的生活现象与我们生物学科息息相关，因此在生物教学中加入与课程内容相关的新闻，让学生通过查找相关资料去验证新闻的真实性，这正是批判性思维发挥作用的时候，不盲目地相信外界信息，而是依照科学知识和来源可靠的相关信息去判断新闻的真实性，真正地做到应用批判性思维。

例如，通过"激素调节"一课的学习，了解性激素具有促进性器官成熟、维持第二性征等生理作用。与该知识点相关的新闻有快餐店中的炸鸡使用的鸡含有性激素过多，会促使孩子性早熟。教师可利用这一生活中的热点新闻，帮助学生活用批判性思维进行思考。教学片段如下：

师：同学们，你们应该都吃过快餐店的炸鸡吧？某新闻中说快餐店中的炸鸡使用的鸡含性激素过多。该消息一经传出，引起了多家媒体争相报道，很多家长开始禁止孩子吃炸鸡。请同学们课下查找相关资料，搜集资料后以小组为单位讨论，判断该新闻的真实性。

学生积极查找资料，得出结论。

师：请同学们将这次搜集的资料以书面的形式写出调查报告，并附上你对这则新闻的传播有何感受。

学生认真完成调查报告。

在此过程中，学生课后查找相关资料，搜集资料并分析，可提高学生分析问题、解决问题的能力，在此基础上判断该新闻是否真实，并让学生查找结束后以书面的形式写出调查报告，附上这则新闻的传播带给学生的感受。通过质疑新闻的真实性、搜集分析资料评估新闻真实性、得出结论的过程，学生亲身体会了运用批判性思维可以判断出媒体报道的真实性，感受到了虚假新闻的传播所造成的不良后果，并且有许多人盲目相信不经核实的虚假新闻，告诫学生这是缺乏批判性思维的表现，鼓励学生在今后面对不确定真实性的新闻时，要通过查找科学可靠的相关资料质疑审视，运用批判性思维来判断，努力做一个具有批判性思维的人，增强学生运用批判性思维的意愿。

（六）总结结构功能，培养分析归纳技能

"中国学生发展核心素养"中批判质疑的具体内涵包括能够多角度辩证地分析问题。学生要想做到多角度辩证地分析问题，需要运用批判性思维逻辑清晰地进行多角度分析并归纳总结。分析、归纳等批判性思维的核心技能是批判质疑过程中不可或缺的部分。教师应在学科教学中重视分析、归纳技能的培养，在生物学科教学中能够提供培养分析、归纳技能的平台。在教授"细胞内的元素化合物、大分子物质"等内容时，单方面地灌输给学生，其效果往往不佳，机械地背诵也不利于学生的思维发展。在教学过程中，教师应多加引导学生分析、归纳，进而总结出物质的结构特征。这样，不仅使学生真正掌握了物质的相关知识，也能提高学生的批判性思维技能。

例如，在"氨基酸的结构"教学时，教师可引导学生独立分析归纳氨基酸的结构特点。教学片段如下：

师：（多媒体展示多种氨基酸的结构式）请同学们寻找这些氨基酸的共同点。

学生找出氨基、羧基和氢原子等共同点。

师：（展示与氨基酸结构类似但并不是真正的氨基酸的结构式）请同学们观察这个结构式与上述氨基酸的不同之处。

学生观察比较结构式，找出氨基、羧基没有连接在同一个碳原子上这一不同之处。

师：请同学们尝试在黑板上画出氨基酸的结构通式。

学生尝试画出氨基酸结构通式后，分析归纳氨基酸的结构特点。

又如，在学习"蛋白质功能"时，教师可提供素材让学生自主分析归纳蛋白质的各项功能。

教师展示出蛋白质发挥作用的图片，安排学生小组讨论，根据图片分析得出蛋白质的各项功能。

学生认真讨论，回答问题。

在学生回答问题后，教师让不同小组的学生互相交流评价，进一步彼此完善。

学生互相交流点评，取长补短。

在此过程中，不仅让学生自主归纳了蛋白质的功能，还锻炼了学生的评价能力。在类似的事实教学中，均引导学生分析归纳，有利于学生的分析归纳技能的提高。

（七）领悟定律发现，提高学生推理技能

通过演绎推理去验证假设是否科学严谨是批判性思维的重要作用之一，能够提出合理的假设、进行严密的推理是批判性思维的必备技能。推理也是解决问题、论证观点的收集信息手段之一，在批判性思维中是不可或缺的。在理科教学中，科学家通过实验数据的统计，提出合理的假设，通过演绎去验证自己的假设，才能形成科学严谨的定律、规律。定律的发现过程会使用推理进行验证，该过程非常适合培养学生的推理技能。

孟德尔遗传定律是人教版高中生物必修二《遗传与进化》中的重要内容，应用了假说演绎法，正是我们培养学生批判性思维的推理技能的"土壤"。

首先，学生体验孟德尔视角，通过问题激发学生思考。让学生"穿越"成为孟德尔，思考："为什么会选择豌豆作为实验材料？

子一代消失的性状为什么在子二代中又出现了？子二代性状的数量比出现了规律性的数字，通过遗传图解我们能解释这一现象吗？"通过这一系列的问题让学生从孟德尔的视角去思考问题。

其次，学生亲自进行模拟实验，验证孟德尔假说。让学生将孟德尔的测交实验通过黄豆粒进行模拟实验，检验结果是否与使用孟德尔假说的遗传图解预测的比例一致。通过模拟实验让学生分析孟德尔测交实验的目的，学会假说演绎法。学生在领悟孟德尔的实验中进行分析假设、推理，亲身体验实验过程，有利于学生推理技能的提升。

最后，课后思考问题，领悟孟德尔实验的精髓。在孟德尔通过豌豆实验发现分离定律的过程中，实验材料的选择、实验设计的巧妙、实验数据的统计、大胆的假设、严谨的演绎验证均是学生应该学习的。教师可以让学生课后思考："孟德尔大胆提出与'融合遗传'不同的假设凭借的是什么呢？首次用数学方法统计实验数据的优势是什么？"从而使学生不但能够学习孟德尔的实验方法提高推理技能，还能领悟学习孟德尔的质疑创新精神。

综上所述，通过建构概念体系，可以让学生更扎实地掌握概念以及概念间的关系，以概念为基础更为精准地表达自己的批判性思考过程；通过纠正错误的前概念，可以帮助学生检查自己思维中潜在的错误思维，形成良好的思维反思习惯，达到批判性思维的真正目的，从而提升自身的思维能力；通过真实事例提供情景，可以让学生将批判性思维发挥真正的效用；通过识别虚假新闻、伪科学等，可以增加学生批判性思考的机会；通过领悟规律形成的过程，可以促进学生学习演绎推理等方法，应用演绎推理的方法去解决问题，提高学生的推理技能；通过学生自主分析物质特征，归纳总结形成结论，可以培养学生的分析、归纳技能；通过让学生体验科学史实，可以使其形成勇于批判质疑的精神。

二、实验课教学中批判性思维的培养策略

（一）探究性实验中批判性思维的培养策略

探究实验的成功，科学的实验方案、严谨的实验态度是必要元素。批判性思维是检验严谨性、客观性的工具。为了保证实验方案的科学性、严谨性，在设计方案时需要运用批判性思维。因此，探究实验十分适合培养学生的批判性思维。教师要在探究实验中培养学生的批判性思维具体应如何操作呢？主要有以下三个策略。

1.运用价值问题，激发批判思考

善于提问是思考的必备条件，优秀的提问可以激发人的思考。国际公认的批判性思维大师理查德·保罗认为，一个不善于提问的人不会是优秀的批判性思考者，答案是不能推动思维发展的，推动思维发展的是问题，有价值的问题是能够促进思考的。[①]但学生有时提出的问题不能够刺激思考，这时教师要帮助学生提出可引发思考的问题。教师可在学生设计实验方案时，通过问题引发学生的批判性思考。如"你提出的假设合理吗？你在实验设计中是否设置了对照组？是否控制单一变量？你这样设计实验的实施性强吗？"等，在这些问题的激发下，学生会对自己的实验环节进行审视，分析自己的实验设置是否合理，完善实验设计中的不足，修正实验设计中的错误，使探究实验方案更加严谨。学生在问题的启发下，对自己的实验方案进行批判性思考，不仅发展了学生的批判性思维能力，还提高了探究质量。

---

① 王勇.试论理查德·保罗的批判性思维[J].青海教育，2012，000（010）：75.

2.点评实验方案，进行批判互评

探究活动中运用批判性思维对他人探究过程进行批判评价能够提高探究的质量。教师可让学生分组讨论设计实验方案，通过小组同学集思广益互相交流形成实验方案，每组派学生代表发言，阐述本组的实验方案并说明设计思路。请其他小组进行点评，学生代表也可用充分的论证进行反驳。这样的做法不仅可以提供学生运用批判性思维进行互评的机会，还能对可能存在的因主观意识造成的有漏洞的自我审视进行补充。例如，在"探究酶活性的影响因素"实验中，有的学生在温度影响酶活性的实验中，设置的温度不合理，其他组学生在点评时指出了不应只有中等温度和较低温度，还应有高温的设置，该组认为高温会使酶活性失活而导致不会发生酶促反应，就认为没有设置的必要。显然，该组学生的想法存在问题，在其他组同学的点评中他们修改了温度设置。学生通过相互点评，提高了运用批判性思维进行评价的水平，也保证了实验的准确性。

3.撰写实验报告，提高反思能力

实验报告是记录实验过程，呈现实验结果的重要方式。大学阶段的生物实验通常会撰写实验报告，在实验报告中会分析实验的成果，反思实验存在的问题。在高中阶段，学生却很少会在实验结束后写实验报告，这样，实验中发现自身存在的问题很快就会被遗忘，很难做到自我反思、自我矫正。教师可以让学生在实验结束后撰写实验报告，在实验报告中分析实验中的不足、造成不足的原因，全面反思自己。通过撰写实验报告，提高学生的反思能力。

（二）验证性实验中批判性思维的培养策略

1.分析实验误差，培养分析能力

学生在做验证性实验时，不一定会得到书本上给出的实验现象，但有些学生往往为了迎合书本，选择随意修改自己的实验结果。教师应让学生分析实际的实验现象与书本上的现象存在的误差是如何形成的。究竟是实验操作不当、实验试剂中有杂质、实验条件不足，还是实验材料有问题？教师应要求学生保证实验结果的真实性，对实验误差原因分析透彻，根据事实做出判断，培养学生的分析能力。例如，在"观察DNA和RNA在细胞中的分布"实验时，使用吡罗红甲基绿染剂染色时，按照操作步骤操作，但是没有染出教材中图片的效果，颜色与教材中的图片不一致。教师应要求学生查找相关资料，分析为什么染色没有达到预期的效果，而不是按照教材随意给出结论，让学生寻找误差的真实原因。

2.改进实验过程，发扬求真精神

在生物实验教学中，教师可引导学生思考：教材上提供的实验材料是否唯一？实验方法是否唯一？实验现象是否明显？试剂是否能使实验达到最佳的观察效果？这些问题均是学生在实验过程中应该思考的问题，根据实验效果判断教材中的实验方案是否为最佳方案，批判地思考教材中的实验方案是否存在需要改进的地方。通过实验的合理改进，鼓励学生追求事实，即使与教材中的内容有所不同，也要发扬求真精神，改进实验过程，批判思考解决问题。

例如，在"观察根尖分生细胞有丝分裂"实验中，按照制片步骤制作装片，但是观察时却发现有很多细胞重叠的现象。学生将制片过程中用镊子敲片改为用牙签敲片，装片的观察效果就好了很多。

学生通过对未达到预期的实验现象进行了思考，追求更加真实的实验效果，没有照搬教材中的内容，从而成功地改进了实验。学生在此过程中能感受到追求事实、批判性思考的真实效果，鼓舞了学生的求真精神。

三、练习课教学中批判性思维的培养策略

美国中小学教材的章节练习将批判性思维的训练列为内容之一。尽管我国教材中目前没有大篇幅设置批判性思维培养的习题内容，但练习课是教师能为学生答疑解惑、了解学生学习情况的最佳平台，是培养学生批判性思维的良好场所。

（一）倡导一题多解，提高分析能力

批判性思维通常要从多角度审视自己和他人的信念和行为，这要求思考者要有开阔的思维和多角度分析问题的能力。而现今的学生受考试成绩的影响一味地只追求答案，很少愿意多方面分析问题，并未做到有意识地主动提升自己思维的灵活性、发散性。在习题教学中倡导一题多解，有利于学生从多个角度去分析题目，打开学生的解题思路，开拓学生的思维，思维的开阔能帮助学生避免片面性地分析问题，从而提高学生分析问题的能力，使其更好地独立分析问题，解决问题。以下列举一个案例进行详细说明。

一对夫妇，女方父亲有血友病，本人有白化病，男方母亲患白化病，本人正常，预计他们生出只患一种病的孩子的概率是（　　）。

A.50%　　　　　B.25%　　　　　C.12.5%　　　　　D.6.25%

这道题就可以从三个角度引导学生思考：第一种方法是，用父亲和母亲可能出现的基因型使用棋盘法求出只患一种病的概率；第二种方法是，求出只患白化病的概率、只患血友病的概率，两者相加；第三种是计算出不患病的概率与两种病都患的概率，用"1"减去这两个概率，得出只患一种病的概率。上述三种思路均可解出这道题目，从这三个角度分析题目，丰富了遗传概率题目的解答方

法，提高了学生的分析能力。

（二）重视概念辨析，培养辨别能力

优秀的批判性思维者具有良好的辨别真伪、识别谬误的能力，进行批判性思考时，辨别能力至关重要。而学生会有概念混淆模糊的时候，这说明学生的辨别能力不强，就会影响学生进行批判性思考。教师在习题教学中要重视对概念辨析题的处理，减少学生为答对问题机械背诵概念，要培养学生从概念的本质去辨别概念，培养学生的辨别能力。如原生质与原生质层、染色质与染色体、生物膜与细胞膜、半透膜与选择透过性膜等易混淆概念的相关习题应该引起教师的重视，从概念的本质入手帮助学生对概念进行区别、分辨。以下列举一个案例进行详细说明。

下列几种糖中与斐林试剂发生反应不会产生砖红色沉淀的是（　　）。

A.葡萄糖　　　　　B.麦芽糖　　　　　C.果糖　　　　　D.蔗糖

这道题考查的是学生对还原性糖与非还原性糖的区别的掌握，有游离的醛基和酮基能够还原斐林试剂，生成砖红色的氧化亚铜，沉淀的为还原性糖。学生从还原糖和非还原糖的结构本质去辨别就能得到答案。以概念辨析题为基础，学生的辨析能力会逐渐提高，有利于学生进行批判性思考，增强学生辨别真伪的能力，从而增加学生勇于质疑的自信心。

（三）强化错题再练，检验反思效果

思维反思是批判性思维的主题，反思后自我矫正的效果可以体现批判性思维的作用。那么，学生的思维反思效果如何检验呢？教师可通过学生在作业习题中存在的错误为契机，检验学生的思维反思效果。学生在习题中出现的错误，可以体现出学生在知识掌握方面存在的漏洞，也是学生思维有潜在错误的表现。学生通过观看正确答案改正了错题，在改正的过程中，学生会发现自己对知识的本质和内在联系的概括可能存在的问题，对自己的思维过程进行反思。但是，学生的反思效果如何呢？改正错题后，学生是否真正掌握了该部分知识？思维中存在的误区是否已经修正？尤其是对于学生错误频率高的部分，是学生存在共性问题的部分，很可能部分学生对这部分知识还有问题。教师在习题教学中应抓住学生的高频错题部分，将高频错题对学生再次考查，看学生是否已经改正了思维中的潜在错误，还是仅仅改正了答案，应该对学生的反思效果进行检验。针对学生自己难以解决的潜在问题，教师应给予引导和帮助，可以促进学生对自己思维过程的自我矫正。

（四）增加开放式习题，激发求知欲

求知欲是积极的思维习惯，能够促使学生努力搜集、获取多方面的知识，学习不同领域的新事物，使学生保持较强的好奇心。具备求知欲的学生遇到问题时愿意积极地进行批判性思考，而不是无动于衷。开放式习题无固定的答案、无固定的解法，多数是与实际生活相联系的问题，趣味性强，能够引发学生的好奇心，激发学生的求知欲望。开放式习题也是众多高校自主招生选择的题型，是考查学生是否具有批判性思维的重要题型，答案不是固定唯一的，辩证地看待问题、多角度进行思考、权衡利弊是解答开放式习题的关键，教师在教学中培养学生的批判性思考应多引入开放式习题。例如，在动物基因工程教学中，利用转基因动物进行器官移植、基因治疗等现代生物技术均是医学界的福音，但是其安全性问题、伦理问题也是人类应当考虑的。教师可针对上述两个问题设置开放式习题，激发学生的求知欲，为解决该问题查找更多的相关资料，结合学习的内容分析技术的利弊，主动进行批判性思考。

四、高中生物课外活动中批判性思维的培养策略

在生物教学中，培养学生的批判性思维，除了在课堂教学，通过教授生物课程进行培养之外，在课余时间，教师应积极组织有价值的活动发展学生的批判性思维。以教师的组织指导为主导，学生的积极活跃为主体，促进学生批判性思维的发展。

（一）组织生物辩论活动，提供批判思考平台

批判性思维的培养可以通过多种渠道和形式，不仅包括课堂教学，还包括参加社会实践、进行社会调查、组织社团活动、辩论赛等方式。社团活动、辩论赛等形式可帮助学生将课外实际与课上学习的内容联系起来。如果不将批判性思维技巧和精神应用到课外的各种情景中，在提高学生的技巧、培养学生的精神方面就会缺乏应用的机会。与生物学科相关的辩论活动可以为学生提供将批判性思维应用到课外情景中的机会，教师可组织与生物学科知识相关的社会热点问题的辩论活动，为学生提供批判性思考的平台，让学生在辩论活动中充分运用批判性思维技能收集信息、分析问题、得出结论以支持自己的观点，锻炼学生表述自己的观点。不同观点的学生之间的辩论，也发挥了学生通过质疑对方观点追求事实的精神。在辩论活动中，除了正反方学生，也可安排其他学生作为辩论活动的评审员，评价辩论同学的论据是否充分、论证是否严谨、表述是否清晰准确等，从而锻炼学生的评价能力。在辩论活动中充分调动学生的兴趣，让学生批判性地思考问题，在反驳对方的同时可检查自己的思维是否准确，评审员的设置可帮助辩论的同学发现自己的问题，反思并改正自己。例如，在"生态系统的物质循环"教学完成后，教师可针对"环境的保护最重要的是制度还是人类"这一议题

组织学生开展辩论活动，学生可以充分应用本课知识进行批判性思考，展开激烈的辩论。在此过程中，学生应用了批判性思维，其思维水平得到了真正的提高。

（二）结合社交软件技术，辅助批判性思维的培养

在信息技术飞速发展的网络时代，教师与学生的交流方式除了课堂上的面对面交流，还有课外通过社交软件在线交流的方式，不少研究发现，网络社区、移动工具对批判性思维发展有作用。教师可利用微信、QQ建立交流群，学生有问题时可在群组中提出，其他同学可以发表自己的看法，互相指出问题，共同解决问题。交流讨论过程有利于学生的思考和表达，有利于提高学生的评价能力，有利于学生包容他人不同的意见，开放思想也正是批判性思维的必备倾向，教师也可实时得到学生的反馈，给予及时指导，可对批判性思维的培养起到辅助作用。

（三）倡导建立自评机制，形成自我审视习惯

批判性思维过程都是相互联系的自我反思、自我评估的过程，因此要将批判性思维的培养落实到学生学习生活的每个角落，教师应倡导学生建立自我评价机制，每天按照一定的标准评价自己的水平。例如，在课堂上提出了重要问题和论点；能够清晰地分析关键性问题；能够准确阐释概念；能够合理地质疑教师的教学内容；能够对真实性不确定的新闻进行识别等。倡导学生坚持每天进行自我评价，使其形成自我审视的习惯，改善自己的思维，从而达到批判性思维的真正目的。

五、高中生物教学中批判性思维培养的教学实践案例

下面以"植物生长素的发现"一课为例阐述如何在高中生物教学中培养学生的批判性思维。

【课前活动】

利用假期时间安排学生将干燥的玉米种子放入敞口的小器皿中，加少量水，放置在适宜的环境中，培养3~7天，观察玉米种子的变化。若发现玉米种子长出胚芽，胚芽外出现透明的锥形套状物，将部分种子放置在黑暗的环境中，部分种子使用台灯给予单侧光照射，观察现象并记录。

学生完成教师任务，认真观察记录。

设计意图：学生的直接动手实践能够增加对植物向光性的直观认识，激发学生对探究植物向光生长原因的欲望。

【新课导入】

播放植物生机勃勃生长的视频，大片的向日葵朝着太阳放肆生长。提问学生植物之所以能茁壮生长的原因是什么。

学生活动：观看视频，思考植物茁壮生长的原因，可能是植物体内有什么物质刺激生长。

设计意图：通过视频提升学生对植物向光生长原因的思考而产生的兴趣。

教师活动：提问学生在课前小任务时发现了什么现象。在学生汇报后展示玉米种子胚芽鞘图片，告知学生这是玉米种子培养后长出胚芽鞘的状态，介绍胚芽鞘的概念、特征。播放胚芽鞘向光弯曲生长的动画，请学生思考，与向日葵向着太阳生长有什么相同之处吗？

学生活动：认真观看玉米胚芽鞘图片，比较与自己课前培养的玉米种子有何不同。认真思考，归纳总结出二者均有向光生长的特性。

设计意图：通过图片增加学生对实验材料的感性认识，让学生通过胚芽鞘向光生长和向日葵向光生长的共同特点归纳总结出植物向光性的概念，培养学生的归纳能力。

教师活动（提问）：造成这种向光生长现象的原因又是什么呢？

安排学生四人一组讨论设计探究植物向光生长原因的实验方案。

组织小组推选代表介绍本组成员设计的实验方案，并让小组之间互相评价实验方案，教师进行点评和指导。

总结学生的实验设计，让学生自主阅读教材中达尔文的实验，小组讨论并思考下列问题：达尔文设置的四组实验的目的是什么？能够得出什么样的结论？最后达尔文得出的是结论还是根据实验做出的合理猜测？

让学生阅读鲍森·詹森的实验，点评实验是否有需要改进的地方。

让学生阅读拜尔和温特的实验，试想是否能结合两位科学家的实验设计出不同的实验方案，总结生长素的发现历程，归纳植物向光弯曲的外因与内因。通过生长素得出植物激素的概念并让学生区分植物激素和动物激素的异同点让学生阅读教材，归纳总结生长素的产生部位、运输方式和分布部位强调极性运输的特点，利用图片让学生明确植物的形态学上端和形态学下端，并指出图片中的形态学上端和下端。

学生活动：

学生合理猜想植物向光生长的原因，学生回答可能与阳光的照射和玉米胚芽鞘有关。

学生积极讨论，设计探究实验方案。学生设计了将玉米胚芽鞘放置在只在一面开小孔的盒子里和完全密闭的盒子里，一段时间后观察玉米胚芽鞘的生长情况等实验方案，汇报实验方案，对其他组同学的方案进行合理的评价。

学生认真阅读教材，讨论后回答问题。

学生认真阅读实验，思考合理新颖的回答问题，区分动植物激素的异同点。

学生认真阅读教材，总结归纳，回答问题辨认图片，判断形态学上端与下端。

设计意图：

通过问题开启学生对植物向光性原因的探索之旅。

通过自主设计实验培养学生的探究能力，小组讨论的形式培养学生的交流合作能力。

通过让学生介绍实验方案锻炼学生准确表达的能力，有利于提高学生的解释技能；通过互评实验方案培养学生的评价技能。

通过问题引导学生学习科学家巧妙的实验设计，明确实验设计原则，让学生思考达尔文最后得出的究竟是结论还是猜测，引出接下来的探究。通过改进科学家的实验，培养学生的质疑精神和严谨的科学态度。

在科学家的实验的基础上有所继承、有所变化，培养学生的创新意识。

通过归纳植物向光性的原因检验学生对知识的掌握程度。

通过区分动植物激素的不同，用旧知识同化新知识，通过归纳总结生长素的产生、运输和分布，培养学生的归纳能力。

通过辨认形态学上端和下端培养学生的辨别能力。

【总结与延伸】

四位科学家共同的智慧才发现了生长素，讲述科学探究的不易，需要不懈努力。

讲述目前科学脚步的进展，人们对植物向光性的原因又有了新的发现，鼓励学生不要认为已有结论就一定是正确的。

学生活动：感受科学探究的不易，学习科学家不懈努力的精神。认识科学的脚步是不断前进的，已经被认可的结论也有被推翻的可能。

设计意图：通过科学家的成就感染学生，鼓励学生为科学的进步不懈努力。通过科学发展鼓励学生勇于批判质疑。

【课后思考】

让学生思考现今很多商人为了提高经济效益，用人工合成的生长素促进作物生长，谈谈对这一现象的看法，自己查找资料，提出自己的观点并表明理由。

学生活动：认真完成任务。

设计意图：通过课后思考，让学生能够辩证性地看待问题，通过查找生长素的相关资料，合理地判断评价该现象，有利于培养学生批判性的思考方式，也为下节课的讲解做铺垫。

在世界各国积极制定学生核心素养的热潮中，中国学生发展核心素养已正式推出，批判质疑作为中国学生发展核心素养的重要内容也应受到广大教师的重视。批判性思维是批判质疑的重要工具，教师应在教学中从培养学生的批判性思维做起，从而促进学生批判质疑精神的发展。

结束语

　　时代是不断进步的，教师的教学也应如此。高中生通过学习生物，能够了解生物的意义，运用生物知识来解释生活中的现象，找到学习生物的有效方法。这就需要高中生物教师在教学中，端正自己的教学态度、重视学生的学习、加快学生核心素养培养的进程，让学生在生物世界中找到属于自己的栖息地。

　　愿本书能抛砖引玉，吸引更多同行加入探索的队伍中，对高中生物教学中培养学生核心素养进行实践与探析，在实际操作中积累切实可行的经验。欢迎各位专家及同行批评与指正。

参考文献

[1]孙宏伟.浅谈高中生物教学学生核心素养的培养——以"光合作用与呼吸作用的关系"为例[J].才智，2019（14）：95.

[2]戴邮.陶行知教育思想下核心素养在生物课堂教学中的渗透与培养[J].中国校外教育，2019（14）：26，29.

[3]刘建丽.基于核心素养的高中生物实验中学生观察能力的培养[J].课程教育研究，2019（19）：176-177.

[4]李清.高中生物课堂教学渗透核心素养的实践探究[J].中学生物学，2019，35（05）：32-34.

[5]李静.基于核心素养视角的高中生物教学研究[J].学周刊，2019（15）：42.

[6]郝琦蕾，姚灿.基于核心素养的高中生物模型建构教学研究[J].教学与管理，2019（12）：111-113.

[7]谭畅.基于学科核心素养下的高中生物课堂教学[J].课程教育研究，2019（16）：178-179.

[8]苏玲.高中生物教学改革模式与创新路径思考[J].课程教育研究，2019（16）：172-173.

[9]魏来.高中生物学科核心素养探究及培养对策[J].名师在线，

2019（11）：39-40.

[10]秦秀雪.核心素养视域下高中生物实验教学研究——以"物质跨膜运输的实例"创新实验教学为例[J].实验教学与仪器，2019，36（04）：22-24.

[11]白榆婧.浅谈核心素养视角下的高中生物有效教学对策[J].课程教育研究，2019（14）：169.

[12]高明珠.浅谈高中生物教学中学生核心素养的培养[J].中国校外教育，2019（09）：118.

[13]苗成，李宗芸，郭军英.论核心素养下的高中生物自主合作探究学习[J].中学生物教学，2019（06）：33-34.

[14]吝娜.从发展核心素养的视角探讨高中生物实验教学的信息化[J].课程教育研究，2019（13）：172.

[15]葛承丽.论高中生物教学中学生核心素养的培养[J].成才之路，2019（09）：31.

[16]刘兴林.新课改下高中生生物核心素养的培养策略[J].内蒙古教育，2019（09）：69-70.

[17]宫玲玲.核心素养下高中生物的教学策略[J].科学大众（科学教育），2019（03）：11.

[18]姜焕焕.例谈培养高中生生物学核心素养的教学实践[J].黑河教育，2019（03）：37-38.

[19]林佳.学科核心素养视角下高中生物实验教学研究[J].现代交际，2019（05）：200-201.

[20]刘付香.核心素养视角下的高中生物教学以"细胞膜——系统的边界"为例[J].中学生物学，2019，35（03）：10-12.

[21]续朋.基于核心素养落实的课堂教学策略[J].中学生物教学，2019（04）：15-16.

[22]田庆宽.高中生物教学中学生核心素养培养策略初探[J].中国校外教育，2019（05）：60-61.

[23]李颖.核心素养视域下高中生物科学思维培养策略[J].花炮科技与市场，2019（01）：131.

[24]陈炜.高中生物核心素养的内涵与培养策略[J].名师在线，2019（03）：39-40.

[25]王剑锋.针对高中生物核心素养教学情境设计对策的研究[J].课程教育研究，2019（04）：182.

[26]张兴锋.培养理性思维，提高学生生物核心素养[J].中学课程资源，2019（01）：47-48.

[27]袁锦明.基于核心素养的目标导引教学——以"细胞的衰老和凋亡"为例[J].中学生物教学，2019（Z1）：61-63.